U0087770

近代領航人物

推動環保的手

瑞秋‧卡森

王明心　著

三民書局

主編的話

打開每個人心中的「想像盒」

七十多年前，法國著名作家「安東尼・聖修伯里」寫過一本廣受歡迎並流傳至今的童話——《小王子》。書中那個好奇又好問的小男孩來自外星球，他純淨的心靈和真摯的感情，一直陪伴著我們地球上一代又一代人的成長。

作家聖修伯里曾經為小王子畫過一個可以讓綿羊居住的盒子。而作家自己也擁有一個珍寶盒，裡面收藏著老照片、舊信件和許多小玩意兒，他常常去翻弄這個盒子，想從中尋找創作的泉源。

三民書局的出版團隊也有這麼一個盛滿「想像」的大盒子，裡面匯集了編輯們經年累月的經驗、心得，以及來自作者、插畫家等的好主意和新點子。多年來，這個團隊不斷為小讀者們出版優秀的人物傳記、勵志叢書等。董事長劉振強先生認為這是出版人的使命，一個好傳統一定要延續下去，讓小讀者永遠有好書可讀，而且每一套書都要精益求精，各具特色。

因此，當我們開始構思下一套新書的方向，如何能夠既延續傳統，又能注入不同的角度和活力，呈現出一番新的面貌，便成為我們的首要考量。

編輯團隊圍坐在一起，慎重的打開我們的「想像盒」，希望從盒裡累積的智慧中汲取靈感。盒內的珍寶攤滿了桌面，眼前立即出現許多引導性的話語，大家一面仔細挑選，一面漸漸理出一個脈絡。

「書寫近代人物，更貼近小讀者的心靈。」

「介紹西方人物，增強小讀者對全球人物的興趣。」

「撰寫某個行業或某個領域中最有代表性的人物，他們的成就

對後世有重大影響，對小讀者有正面啟發作用。」

「多用說故事的方式寫作，以增加趣味性。」

「想像盒」就這樣奇妙的為我們搭起了一個框架，編輯團隊在這個架構中找到了方向，大家興奮的為新叢書定名為「近代領航人物」系列，並決定先從介紹西方人物入手。

框架既已穩固，該添進內容了。如何選取符合條件的撰寫對象，是編輯團隊的再次挑戰。我們又打開了「想像盒」……

「叮」的一聲，盒內跳出一個 "THINK" 的牌子，大家眼前一亮，「那不是 IBM 公司創始人湯姆士・華生的座右銘嗎？意思是要我們海闊天空的去想像，才能產生創意啊！」於是，話匣子打開了。

有人說：「我們每個人手裡都拿著手機，不需要長長的電話線連接，就能無遠弗屆的與人聯繫，但對有『無線電之父──馬可尼』之稱的這個聰明人，我們知道的並不多。」

有人說：「啊！有了，我們何不請最喜歡開飛機的聖修伯里帶大家到義大利去拜訪馬可尼呢？」

有人說：「馬可尼不是已經拍來電報，為我們安排好去巴黎看可可・香奈兒的時裝展示會了嗎？還要去倫敦聽約翰・藍儂的搖滾音樂演唱會哩！」

有人說：「我對時裝展示會沒有太大興趣，但是既然去了巴黎，我倒是很想去看看大文豪雨果筆下的聖母院，也許會碰見那個神祕的鐘樓怪人！」

有人說：「我希望去倫敦時，能走訪唐寧街十號，一睹英國第一位女首相，鐵娘子柴契爾夫人的丰采。」她輕輕咳嗽了一聲，接著說：「我的肺炎剛痊癒，是用了抗生素才治好的。聽說抗生素是英國

細菌學家弗萊明發現的，我也想順便彎去他在倫敦的實驗室參觀一下。」

有人附議：「那太好了，我可以在路邊書報攤買本英國大經濟學家凱因斯主編的《經濟期刊》來一讀。」

有人舉起手來，激動的說：「我原是個害羞沉默的人，自從去上了卡內基的人際關係課程後，才學到怎麼樣表達自己。我想說出我的心願，那就是去美國華盛頓的林肯紀念碑前，聆聽人權鬥士馬丁‧路德‧金恩博士精彩動人的演講〈我有一個夢想〉。再去附近的國會山莊，參加約翰‧甘迺迪的就職典禮，聽他充滿領袖魅力的經典名言，『不要問國家能為你做些什麼，要問你能為國家做些什麼。』」

有人跟著說：「我是環保和人道主義的支持者。既然我們到了美國，我想去緬因州，到環保使者瑞秋‧卡森收集海洋生物標本的海邊去走一走。也想去紐約的聯合國兒童基金會總部拜訪兒童親善大使奧黛麗‧赫本。這兩位心靈和外表都美麗的女士，一直是我最崇敬的偶像。」

看到大家點頭同意，他急忙追加：「啊，如果還能去洋基球場觀看棒球巨星貝比‧魯斯在球場啟用那天轟出的第一支全壘打，那我就太滿足了……」

編輯們彼此會心一笑，這是討論時常有的現象，抱著「想像盒」，天南地北，穿越時空。我們總嘗試以開放的思路，為「傳記」類型的叢書增添更多的新意。

這時一陣歡笑聲響起，原來是美國物理學家費曼為慶祝自己得到諾貝爾獎而開的派對。賓客中有許多知名之士，第一位登陸月球的太空人阿姆斯壯也在其中。聽說費曼正在調查挑戰者號太空梭故

障的原因，阿姆斯壯是他最好的太空顧問！費曼是位科學家，但他興趣廣泛，音樂、舞蹈樣樣精通。只見他隨著熱情洋溢的森巴舞曲，一面打著鼓，一面與現代舞創始人瑪莎·葛蘭姆翩然起舞。

「別鬧了！費曼先生。」門口走進一位胖嘟嘟，面無表情的老頭，把大家嚇了一大跳！只見他拿起手上的擴音器說了一聲「卡」，啊啊，難道他就是那位驚悚片大導演希區考克？

他嚴肅的接著說：「受世人景仰的南非自由鬥士曼德拉先生剛剛辭世。請大家起立致敬。」

我們這趟「穿越之旅」中的二十位人物即將登場，希望他們的領航故事也能開啟小讀者心中的「想像盒」，將來或可成為另一個新領域中的領航人，傳承發揚人類的智慧和文明。

在此特別感謝為小讀者說故事的作者們，除了正文之外，他們都特別增寫了一篇數百字的「後記」，提綱挈領的道出各撰寫人物對世界的影響，提供小讀者更明確的閱讀指標。同樣也感謝繪製精彩畫面的插畫家們，為使圖文搭配相得益彰，不惜數易其稿。對編輯團隊能讓叢書順利的如期出版，我心存感激。對充滿使命感、長期為小讀者做出貢獻的三民書局，我致上最高的敬意。

對您，選擇讀這套叢書，我誠懇的說聲「謝謝」。有您的支持，讓我們有信心為小讀者打造更多優良讀物。

2013 年歲末寫於臺北

　　和瑞秋的相遇，看似巧合，經過和她同行一段日子後，相信是早就命定的安排。

　　主編開放二十位撰寫對象讓作者們自行選擇。那陣子忙，沒來得及選，就被通知只剩瑞秋卡森了。既然如此，就她吧。

　　資料一查下去，終於知道為何她是那位被大家篩掉的人。「近代領航人物」是一套寫給孩子的叢書，自然要寫撰寫對象的童年和成長過程，讓小朋友們了解一位領航人物是如何養成的，偏偏瑞秋的私人資料非常少。有關她的童年事跡，大部分的書提供的內容都重複，而且很有限。

　　瑞秋的成人生活更如大海撈針。瑞秋是個專業領域很強，但生活圈很小，不喜社交，極度注重隱私的人。找她的專業文章容易，要拼湊她的私生活很難，只好在網上搜遍所住郡區的二十家圖書館，有時甚至要利用州立圖書館系統，到別處調書，只求能找到更多的資料。

　　寫這本書，花了比之前寫其他書遠遠還多的時間。不過一切都是值得的。越鑽入她的生活，越被她獨特的個性吸引，簡直覺得自己和她是失散多年，再度重逢的知己。

　　她從小喜愛閱讀和寫作，第一篇文章於十歲時刊登在兒童雜誌。我也是。成人後的生活選擇，更是相近。

　　她是一個有獨立思考能力的女性。不隨波逐流，盲從流行，即使與眾不同，遭恥笑被排擠，也不在意別人的眼光。用理性的頭腦和文學的胸懷，對待所有來到生命的遭遇。發覺自己心中真正的嚮往時，寧可成為別人眼中的「冤大頭」，多走一些看似吃虧的路，也要忠於自己的內心。

沒有因為從小家境辛苦，長大成為唯利是圖的人，反而輕忽物質利益的獲取，重視精神生活的飽足。起步得晚，到二十九歲才開始第一份正式工作，但一點也不心急，對生命中的每一件事，總是用最慎重的態度對待，即使耗費時日也不肯急就章。

　　個性低調隱祕，不依循「朋友多就受歡迎」的迷思，寧可只守著幾個不必多費口舌、心靈自然契合的朋友。活在複雜的人世中，擁有一雙孩子的眼睛，世界再詭詐，內心純淨不欺。面對艱難的環境時，縱然波濤洶湧，依然執著理想，昂頭向前。

　　寫完這書，我已經完全成為她的粉絲。

　　歡迎加入粉絲團。我知道你會的。

王明心

　　讀的是英國文學和兒童教育，做的是教師、記者、語言專員，最喜歡的身分是童書作者。曾獲金鼎獎、小太陽獎、好書大家讀推薦獎、新聞局推介中小學生優良課外讀物、阿勃勒獎。

　　喜歡讀童書，喜歡為孩子寫書，覺得是絕佳的心靈環保。相信「若不回轉變成小孩子的樣式，斷不得進天國。」

推動環保的手

瑞秋‧卡森

CONTENT

瑞秋·卡森

1907～1964

Rachel Carson

誰是瑞秋・卡森？

　　凱心睡眼惺忪的走出房間，昨晚和報告做了殊死戰，所以睡眠不足。她緩慢的走到客廳，揉一揉眼睛，想把緊黏的雙眼撐開。突然，她瞄了一眼四周，看見滿出來的垃圾桶，地上還有散落一地的紙屑、可樂瓶、披薩盒，八成是昨晚室友們辦慶生會的傑作。但是她們竟然沒做垃圾分類，還把客廳弄得這麼亂，凱心感覺一股火要冒上來了。

　　凱心和室友們合租「有愛公寓」的這間房已經一年多了，客廳是她們共同分享的空間，吃東西、看電視等各種活動都在這裡進行。不過，凱心有點潔癖，無法忍受髒亂的環境，她的室友們倒覺得無所謂。

　　子君說：「反正用完的東西都要送進垃圾車，何必分類？多麻煩啊。」

　　孟如也附和：「對啊，什麼塑膠、瓶罐的，我老是搞不清楚哪裡不同。」

　　「可是，妳們也不能亂丟垃圾、製造環境髒亂啊！這樣會引來蟑螂、老鼠，我才不要和牠們共處一室！」凱心簡直要抓狂了。

　　子君靈光一閃說：「別擔心，我有祕密武器，妳看：『殺蟲劑』。包準牠們逃不過我的手掌心。」

　　凱心像看見什麼可怕的東西，大叫起來：「不行！妳不知道裡面有些化學物質對身體有害嗎？以前人們使用的殺蟲劑含有 DDT 這種化學成分，結果汙染了環境，付出慘痛的代價。」

　　孟如天真的笑了：「妳會不會太誇張？害蟲都死光光了，不是很好嗎？」

　　凱心聽了差點昏倒：「不只是害蟲，連對環境有益的動植物都滅亡了。春天不再有鳥鳴，大地一片死寂。雖然現在 DDT 已經被禁用，但是其

他的化學物質對人體弊大於利，一旦吸收、殘留在人體裡，是很難排出去的。何況，我們也是大自然的一部分，人類給大自然什麼，大自然就會原封不動還給我們。所以傷害環境反而會害到自己。」

子君覺得很驚訝：「想不到事情這麼嚴重。但什麼是 DDT 啊？再說，妳又沒有親身經歷過，怎麼會知道這些事呢？」

凱心匆匆衝回房間，飛快的翻出一本書。

「DDT 是一種氯化碳氫的化合物，而且是很有效的殺蟲劑，就是這位女士發現這種物質會破壞生態，喚醒大眾環保的意識。因為她的堅持與努力，最後改變了世人的想法，拯救了垂危的環境。」

「瑞秋・卡森？」孟如一臉疑惑的念出作家的名字。

「她是誰啊？」子君問。

「讀了這本《瑞秋・卡森》就知道啦！」凱心說。

於是三人展開了一趟閱讀之旅……

打開大自然的眼睛

「瑞秋，瑞秋，」媽媽一邊撫弄著五歲小女兒額前的瀏海，一邊柔聲叫她起床，「再不起來，媽媽要自己跟帕歐去樹林散步了哦。」

本來還想賴床的瑞秋，一聽到媽媽這麼說，馬上睜開雙眼，抓著媽媽的手一骨碌起床，一邊急急忙忙脫去身上的睡衣，一邊唯恐媽媽跑掉的大聲叫：「媽媽，沒有我，你們哪裡都不能去，我馬上就好了！」

媽媽笑了起來：「先下來吃飯吧，我們會等妳的。」雖然媽媽這麼保證了，小瑞秋一心只想趕快跟媽媽到屋後的森林探險，快速把褲裝穿上，早餐的燕麥粥也三兩下就解決完畢。哥哥姐姐都上學去了，爸爸常年在外地巡迴銷售保險，白天

家裡只剩媽媽、瑞秋，和小狗帕歐。早上是她們的「大自然約會時間」。她們在林間走著，帕歐忙碌的東張西望，對四周引起牠興趣的東西又聞又舔。媽媽帶著瑞秋觀察葉子顏色的變化，辨別森林裡的植物，傾耳聆聽不同鳥的叫聲。當有動物經過時，瑞秋總是熱情的和牠們打招呼。

瑞秋邊走邊撿拾林道上的「寶藏」，被她放進小籃子的寶物包括外型奇特的石頭、要壓成書籤的落葉、大小不同的橡實、採集成束的野花、要帶回家好好研究的死昆蟲等。瑞秋停下腳步尋寶時，媽媽總是在旁輕聲的哼著歌，賞花看雲，從不催促，也不嫌髒。她非常明白，小孩和大自然有一種純淨的連結，這份對大自然的驚異感和好奇心若不在童年時留住，長大後很容易就流失了。

瑞秋一點也不想錯過早晨的「大自然時間」，那是一個可以和媽媽膩在一起，無牽無掛、自由探索的快樂時光。瑞秋是家裡最小的孩子。出生

時，姐姐瑪麗安和哥哥羅伯特都已上學，屋子附近沒有鄰居，她的世界幾乎只有媽媽。爸爸常不在家，家裡所有的事都落在媽媽肩上，修理物品、維修房子、種菜、洗衣、整理內務、煮飯、縫補衣服、養雞餵豬、照顧果園、教授鋼琴。等哥哥姐姐放學後，還要指導他們功課，一直忙到睡覺。只有早上這段時間，媽媽是完全屬於她一個人的。

媽媽也很珍惜每天和小女兒的約會時間。她在女兒出生那一天，在日記上寫著：「一個又乖又漂亮的藍綠眼小姑娘。」這個小女兒不只可愛甜美，惹人疼惜，同樣喜愛大自然，也讓媽媽覺得有一種心靈契合的貼近。丈夫羅伯特一直在事業上沒什麼發展，常年四處旅行推銷保險，工作辛苦，收入卻很有限，一家五口得省吃儉用才勉強收支平衡。對她來說，早晨這段和貼心的小女兒沉浸在陽光微風中，呼吸著新鮮空氣，享受花香鳥語，和其他動物一起擁有這塊大地的寬闊感，

是上帝賜給她的豐盛福分。物質上的不足從不曾
困擾她。

　　不過今天早上的大自然時間和往常不一樣，
因為瑞秋撿到了一個從未見過的寶物，是個暗色
渦旋形的化石。瑞秋急忙向媽媽獻寶，媽媽拿起
來端詳半天，心裡約略猜出大概，但不願隨意下
結論，兩人因著這個意外的發現，興奮的快步走
回家。

　　媽媽從書架上拿出一本厚書，瑞秋緊抓著寶
物，兩人頭靠頭專注的比對著書上的圖片。「是個
海洋動物！」媽媽發現。

　　　　　　　　　　什麼？這個發現令瑞秋太驚
　　　　　　　　　　訝了。她們住的地方是賓
　　　　　　　　　　州的內陸小鎮，離海遠
　　　　　　　　　　得很呢，怎麼地上會有
　　　　　　　　　　海洋動物的化石呢？
　　　　　　　　　　媽媽接下來說的話比
　　　　　　　　那個化石寶物更讓她驚異。　她

說可見他們現在住的地方，數百萬年前是海洋，這個化石就是當時的生物留存下來的。看到瑞秋直直的望著她，媽媽試著向才五歲的她解釋化石是古代生物的遺體，埋沒在泥沙中，經過很多年後，堅硬的部分變得像石頭一樣，但是本來的形狀依然保留。

瑞秋聽得似懂非懂，不過媽媽說他們住的地方本來是海洋，讓她整天記掛在心裡。她不能想像，身邊的田野、果園、樹林、小鎮，以前都不存在！

那天晚上，媽媽把瑞秋送上床，親了她的臉

頰道晚安，正要起身離開，瑞秋問了一個問題：「媽媽，海洋長什麼樣子？」媽媽知道這個小女孩的腦袋瓜子已經想海想一整天了，笑著幫她把手放進棉被說：「海啊，海是一大片的水，大到妳看不到對岸。海上有不斷翻滾的波浪，有時很平靜，但暴風雨來時可以把整條船都翻倒。海裡有各式各樣的魚、貝、蝦、蟹，還有許多海藻、海草……」那晚，瑞秋帶著對海洋的想像進入夢鄉，一點也沒想到，從沒看過大海的她，有一天會成為海洋生物學家，並且以她的科學訓練拯救了地球的生態！

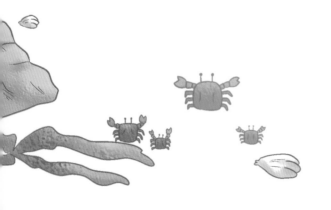

我要當作家！

除了早晨的「大自然約會時間」，每天聽媽媽講故事也是小瑞秋絕對不願錯過的活動。懂事的瑞秋知道媽媽必須擔負許多責任，總是乖巧的等著。媽媽從來不讓她失望。當一項工作告一段落時，媽媽一邊伸展筋骨，一邊故意說：「休息時剛好可以讀點書，該讀什麼好呢？」瑞秋馬上奉上早已選好的故事書，興奮的建議：「這本！這本！」媽媽就會笑著把瑞秋抱到懷裡，開始念起故事書。

瑞秋最喜歡畢雅翠絲・波特的書，有好多美麗的插圖。媽媽還沒空時，瑞秋就自己先仔細的研究那些插圖，想像會是什麼樣的故事。她的書裡都是擬人化的動物，聽著聽著，瑞秋覺得自己

和作家筆下的彼得兔、松鼠納特金、班傑明小兔全成了好朋友。無論是屋外的動物或書中的動物，都是瑞秋童年世界的重要部分。她不覺得動物比人類卑賤，媽媽也說這個地球是人類和動物共享的，每一種生物都該被善待。

瑞秋上學識字後，開始大量閱讀。她迷上了美國童子軍創辦人歐尼斯特‧湯普森‧西頓的書。歐尼斯特觀察動物的習性和生態，為兒童寫了許多動物故事。在他的書中，動物有情感、有理智，會寂寞，也有悲劇英雄的氣質。瑞秋也喜歡自然歷史作家琴‧史翠頓‧波特的作品。琴堅信兒童能從大自然中找到上帝。此外，寫《白鯨記》的赫爾曼‧梅爾維爾、寫《黑暗之心》的約瑟夫‧康拉德，和《金銀島》的作者羅伯特‧路易斯‧史蒂文生等都是她喜愛的作者。

已不再需要媽媽念書給她聽的瑞秋，和媽媽的讀書時間以另一種方式繼續進行。她們常在讀完一本書後，熱烈討論。有時兩人的想法相似，

有時大相逕庭。瑞秋很感謝媽媽從不以權威自居，強迫她改變看法，而是鼓勵她把自己的想法說出來，同時傾聽別人不同的意見。

瑞秋的媽媽本名叫瑪麗亞‧馬克林，出生在一個長老會牧師的家庭。十一歲時，外公丹尼爾‧馬克林牧師去世，外婆帶著瑪麗亞和姐姐艾達遷往娘家所在的賓州華盛頓鎮。

瑪麗亞熱愛閱讀，擅長彈鋼琴，也擁有好歌喉。她是個認真的學生，寡居的媽媽盡力供應她就讀具有優良傳統的名校。她不負眾望的以拉丁文和音樂特優榮譽獎畢業於長老會華盛頓女子高

中，成為小學教師，並在家教授鋼琴。

　　除了學校和家庭，瑪麗亞的另一個生活重心是教會，在詩班負責司琴和主唱。二十五歲那一年，教會邀請鄰近幾個城鎮的教會詩班，一起舉辦聯合演唱會，就在這一次活動中，瑪麗亞認識了來自亞樂格力城的羅伯特。

　　早在朋友向瑪麗亞介紹羅伯特前，羅伯特就一直注意瑪麗亞了。他在臺下看著瑪麗亞指導她的詩班練唱，那份天生的愉悅和活力，深深的吸引著他。瑪麗亞擔任聯合詩班中獨唱的部分，當她柔美清揚的歌聲迴盪在大廳中時，羅伯特已經

墜入情網。

羅伯特的眼睛緊緊追隨著瑪麗亞，只是內向的他，不敢有任何行動。好友查理斯實在看不下去，抓著他的胳臂往瑪麗亞的方向走。羅伯特慌了：「你，你在做什麼？」

「我在做什麼？我在幫你呀，好讓你以後不會留下遺憾。」

羅伯特被查理斯半拉半推的頂到瑪麗亞面前。瑪麗亞看著這個注意了她一整天的男人，促狹的問他：「有事嗎？」

羅伯特漲紅了臉，困窘的說：「沒，沒事。」轉身就要走，卻被查理斯一把抓住。「是這樣的，瑪麗亞小姐，」查理斯只好代友上陣了，「我們覺得難得不同詩班能聚在一起，何不找個地方走走，交流一下音樂理念。」

瑪麗亞落落大方的答應，約了詩班另一個女孩，訂下隔日一起出遊的計畫。

沒想到活潑的瑪麗亞和害羞的羅伯特居然如

此談起戀愛了，不過媽媽有意見：「羅伯特這個年輕人是不錯，個性老實，也沒有不良嗜好，不過從小在那麼窮苦的木匠家庭長大，工作也只是個小職員而已。」

「媽，我知道妳怕我會吃苦，」瑪麗亞撒嬌的拉著媽媽的手，「可是嫁給有錢人並不是我的人生目標，我要一個真正愛我的人。」

「我不僅僅說現在，」媽媽憐惜的撫觸著女兒的長髮，「他因為家窮，沒受什麼教育，恐怕以後不會有多大的發展。不像妳，讀的是名校，受那麼好的訓練……」 瑪麗亞打斷了媽媽的話：「媽，我真心感謝妳那麼辛苦，設法讓我受好教育。羅伯特沒有我幸運，有這麼好的媽媽，所以我更要幫他！我要和他一起開創一個美好的未來！」 媽媽看女兒這麼堅持，只好答應他們一年後結婚。

當時的社會不允許已婚婦女擔任教職，

所以婚後的瑪麗亞必須辭去工作，將時間精力全投注在照顧家庭上。當大女兒瑪麗安十歲，兒子羅伯特八歲時，瑞秋出生。

毫無疑問的，瑞秋是媽媽最鍾愛的孩子，不只是因那時她是唯一還在家的孩子，也因為她和媽媽一樣天性親近大自然，對動植物和生態環境有一份細膩的心思和敏銳的觀察力。

等到瑞秋也上學後，她發現自己和媽媽還有另一個相似之處，就是對閱讀和寫作的喜愛，連結交的好朋友都是愛書人。春谷鎮沒有圖書館，好友夏樂蒂一家常上匹茲堡圖書館借書，瑞秋便託他們帶回她想看的書。鎮上牙醫的孩子蜜爾潔內向羞怯、不擅社交，和瑞秋在一起時卻能天南地北的聊讀書感想，兩人常相約寫詩。

媽媽為瑞秋訂了一份兒童雜誌叫《聖尼可拉斯》，裡面有馬克‧吐溫和埃爾‧寇特所寫的詩和故事，還有諾曼‧羅克韋爾引人入勝的插圖。創辦編輯瑪麗‧道吉希望這份雜誌是「孩子們的

遊戲空間，能在其中快樂的當主人」，鼓勵兒童寫作投稿，入選文章會被配上插圖刊出，再從其中選出冠亞軍，各得金牌和銀牌勛章。得過冠亞軍者會被列為榮譽會員，獲頒獎金。許多美國名作家少年時期都曾向這份雜誌投稿，如曾得諾貝爾文學獎的威廉·福克納，寫《大亨小傳》的費茲·傑羅，《夏綠蒂的網》作者伊比·懷特，名詩人康明斯，普立茲詩歌獎得主米萊等。

常常在筆記本上塗塗寫寫的瑞秋，早就躍躍欲試。十歲那一年，美國向德國宣戰，加入第一次世界大戰。瑞秋把從軍的哥哥跟她說的一個故事寫成一篇〈雲中之役〉，寄出前，媽媽還須按照規定，在稿子上方註明：「這篇故事由我十歲女兒瑞秋自己寫就，沒有接受任何協助。」

稿子寄出後，便是難熬的等待時光。瑞秋每個月巴巴的等著郵差送來雜誌，一拿到手

就迫不及待的快速翻頁，看看自己的文章有沒有被刊出。終於在幾個月後，瑞秋的第一篇投稿被印在雜誌上，而且得到銀牌獎！

瑞秋很受鼓舞，再接再厲，一年內陸續有四份稿子被登出，其中〈給前線的信〉得了金牌獎，瑞秋成為榮譽會員，獲十美元獎金。在當時對一個孩子來說，十美元是一筆很大的數目。受到了如此的肯定，瑞秋口氣堅定的向媽媽宣布：「我要當作家！」從此和寫作結下不解之緣。

家中亂象

　　除了興趣使然，瑞秋醉心寫作的另一個原因是為了逃避家中亂象。

　　卡森一家的經濟情況向來不好。爸爸一直找不到固定工作，陸續做過公司職員、礦場電工、電力公司技工、推銷員等，都沒什麼發展。

　　其實卡森先生也曾有過偉大的計畫和美麗的夢想。他在前兩個孩子出世後，在春谷鎮的斜坡上貸款買了 65 畝地，上面有一間小屋、一座穀倉、雞窩、冷藏房。坡上的果園出產蘋果，附近的居民常來他們的「卡森樹林」野餐散步。瑞秋便是在這間小屋中出生成長。

　　羅伯特原本是想藉這塊地鴻圖大展。買地前，離鎮 15 英里的匹茲堡城正在蓬勃發展鋼鐵工

業。工廠材料和成品經由航運和鐵路天天運進運出，景象繁榮。羅伯特估計再這樣發展下去，外來就業人口越來越多，一定會帶動房地產市場，從匹茲堡開始往外擴展，很快人們就必須來春谷鎮置產居住。他咬牙借錢，一口氣買下 65 畝山坡地，打算分批賣出，好好賺它一筆。

　　可是人算不如天算。瑞秋出生那一年，美國遭逢金融危機，工人罷工，銀行、商店倒閉，匹茲堡的工業停頓，羅伯特發財夢碎。為了償還債務，四處旅行推銷保險，靠佣金勉強維持家計。

媽媽也在家開班教授鋼琴，一堂課五十分錢，貼補家用。即使如此胼手胝足，有時連買瓶牛奶都是奢望。

瑞秋一點也不在意家裡無法給她寬裕的生活。她和媽媽一樣，覺得精神生活更加重要。平日吃的是媽媽種的菜，養的雞；穿的是媽媽或姐姐瑪麗安的衣服改裝的；書向圖書館借；休閒娛樂是不花錢的爬山散步。樂器學習不外求，由媽媽教授鋼琴。生活清苦但知足，唯一的遺憾是爸爸不能常在家。對這一點，瑞秋倒也不太難過，因為從小生活裡就幾乎只有媽媽，早已習慣了。

如果只是家境清貧，瑞秋並不會引以為苦。家中兄姐所帶給媽媽的重擔才是瑞秋心煩的來源。

雖是同一對父母生的孩子，哥哥姐姐的個性、喜好和瑞秋大不相同。他們都不喜歡讀書，對大自然也毫無興趣。大瑞秋十歲的姐姐瑪麗安一直嚮往外面的世界，青少年時不願專心讀書，老想著要儘快過大人的生活，才讀高一就輟學去

當速記員，並且認識了富蘭克，兩人閃婚。因為沒有經濟基礎，小夫妻結婚後就住在家中。

畢竟是太年輕，瑪麗安和富蘭克一天到晚鬥嘴鬧彆扭，這段婚姻沒維持多久就以離婚收場。瑪麗安轉往當地一家大公司擔任記帳員，並在那裡認識了第二任丈夫伯頓，生了兩個孩子。為了省錢，瑪麗安和伯頓一家四口仍然住在娘家。姐姐最後還是沒能維持住這段婚姻，再度離婚的瑪麗安帶著兩個女兒繼續住在家裡。姐姐的婚姻生活影響瑞秋很大，她會選擇保持單身，與這個人生經驗有密切關係。

如果大她八歲的哥哥能爭氣點，也許瑞秋會好受些。可是羅伯特跟瑪麗安一樣對念書沒有興趣，高中念一半就休學去從軍。隔年大戰結束，退伍歸來的羅伯特不想完成教育，也沒有一技之長，只能在工廠打工，結婚後，也因為如此，收入不多的他們一樣住在家裡，大家把小屋擠得水泄不通。

　　瑞秋心痛的看著瑪麗安把孩子丟給媽媽，自己出去工作、交友。不懂事的哥哥和嫂嫂住在家裡，茶來伸手、飯來張口，什麼事也不會做。身為年齡小他們許多的么妹既不能教訓他們，也不能趕他們出去，心裡儘管希望能多幫媽媽一點忙，奈何年少的她還無法成熟的調適自己的心情，面對這些混亂只覺得煩躁，乾脆逃避現實，把自己埋入書本和寫作中。

　　瑞秋繼續向聖尼可拉斯社投稿。雖然沒有稿費，但是看到自己的作品被登在知名雜誌上讓大家閱讀，對她來說是很大的滿足。十四歲時，她寫了一篇有關聖尼可拉斯社的文章，居然被雜誌社買下作為廣告文案，付她一個字一分錢。雖然總共也只得到三塊錢，但是對她意義重大。十歲得的十美元是獎金，這是正式稿費，表示她已進入

「以作品換取稿酬」的「職業作家」之列。瑞秋鄭重的在寄來稿費的信封上寫著「第一份稿費」，終生珍藏這個信封。

隔年瑞秋把她和她的狗在樹林裡尋找鳥窩的情景寫成一篇〈我最喜歡的娛樂活動〉：「小徑通往更深的林地，蜿蜒而上，地上滿是散落的松針。我和帕歐為我們的探險雀躍不已……忽然聽到馬里蘭黃雀的叫聲，我們花了半小時追蹤，在一個陽光普照的山坡上找到了黃雀窩，裡面有四粒蛋。在黃雀媽媽的錯愕下，我們靠近拍了一張照片……」這是瑞秋人生的第一篇大自然散文。

雖然家中的情況一團糟，媽媽愛瑞秋的心絲毫未減，甚至對她過度保護。只要學校一流行什麼病，她就把瑞秋留在家裡，不讓她上學，自己在家裡教她。有一次開學前三個月中，瑞秋只到了十六天，還有一次整整缺席一個月。

不過也不能怪媽媽太多慮，因為那時對流行的小兒麻痺、白喉、百日咳、猩紅熱、麻疹、傷

寒等，尚無特效藥可以控制，有時連流行性感冒都會導致嚴重併發症。瑞秋外公四十歲就因感染肺結核去世，給媽媽的衝擊很大，她絕不願冒任何失去瑞秋的風險。

即使常常請假在家，瑞秋的學業表現仍是出類拔萃，以全校第一名成績自高中畢業。她在她的高中畢業論文〈知識的耗費〉中認真而沉重的指出大家寫文章時隨意引用名家的話，沒有自己的思想，只是盲從、模仿、人云亦云，是一種「智力的偷懶」。瑞秋在媽媽的培養下，年紀輕輕即顯露獨立的批判性思考能力。也是因為這樣的個性，使她四十年後面對強烈攻擊時，不為所動的堅持理想！

04
大學生活

　　被哥哥姐姐傷透腦筋的爸媽，很欣慰瑞秋能以第一名的優異成績自高中畢業。可是接下來呢？媽媽希望瑞秋能繼續讀大學，瑞秋也對自己期許很高，申請了賓州女子學院。

　　可是他們付不起大學學費。雖然學校給了一百美元的獎學金，和一年一千美元的學費還是有一大段距離。正在一籌莫展之際，大學校長可拉‧庫立茲女士得知瑞秋家庭的困境，和院長瑪麗‧馬克斯女士商量如何幫助這位優秀的學生讀大學。礙於學校的規章，她們無法從獎學基金中

撥更多的數額給瑞秋，兩人便私下向自己的朋友籌款，以非正式獎學金形式補助瑞秋大部分的學費。媽媽除了在家教授鋼琴外，也去鎮上的商店當店員，並且畜養更多雞來販售。常年在外旅行推銷保險的爸爸，此時已回家，兼了好幾份工，只要鎮上哪裡需要人手，不管什麼工作性質，能做就做。家裡的好東西，如祖傳的瓷器，都拿去變賣。

瑞秋滿懷感謝的上大學了。因為喜歡文學，瑞秋選擇主修英文，讀了許多莎士比亞、米爾頓、狄更斯的作品。瑞秋最喜歡馬克‧吐溫，她說：「馬克‧吐溫的生命哲學、幽默和厭惡虛偽的坦率，深得我心。」她參加學校的文學社，是學校校報的重要成員，還遇到一位非常賞識她的葛瑞絲‧柯拉芙教授，兩人終生維持亦師亦友的美好

情誼。

那個時代的女孩子雖然可以上大學，不像媽媽那一輩的女性最多只能念到高中，但受大學教育的目的仍局限在成為有知識的媽媽和太太，能培育優秀的下一代，並襯托她們成功的先生，在社交場合優雅有教養的應對進退。女孩子不被期望成為醫生、律師、科學家等，因為那些都是「男人的工作」。

瑞秋在大一的作文課上寫了一篇文章自述：「有時我會迷失方向，但很快就又會找到目標，重新出發。我還不確定自己的夢想是什麼，但我確信那一定遠高於現狀。」

即使瑞秋那時還不確定自己的夢想是什麼，但很明顯的，她心中的抱負跟其他同學不一樣。她知道她不僅僅能成為媽媽和太太而已，她對人類社會還能有更多的貢獻。因著這樣的理念，使得她的生活和其他同學大大不同。

其他女孩子喜歡逛街、購物、化妝、跳舞、

參加派對、約會、抽菸，瑞秋對這些都沒興趣。同學們多是有錢人家的女兒，穿的是特別訂做的時尚服裝。瑞秋身上是媽媽為她縫製的衣服，布料樸實，縫紉技巧一般，樣式也不時髦，但她一點也不在意。其他同學將玩樂當作大學生活的主要部分，讀書是副業，考試能過關就好。瑞秋珍惜自己能念大學的境遇，每時每刻都想把握時間多讀一點書。

學校離家裡只有 16 英里，到了週末儘管能回家，不過瑞秋一心只想待在學校看書、寫功課、寫作，自進了大學這個知識殿堂後，她感到如魚得水，不想回那個嘈雜喧鬧、擠滿了人的小屋。大學同學海倫‧梅爾有一回同她一起回家，被他們簡陋的屋子嚇了一大跳，簡直到了

家徒四壁的地步。她日後回想時說：「屋子裡到處都是人，什麼值錢的東西也沒有，唯一有價值的物品是鋼琴，因為卡森太太還得留著用來教學生。」

　不想回家的另一個原因是媽媽每隔一個週末就會來找她，為她帶來自家做的點心。一直遺憾沒念過大學的媽媽，非常喜歡和瑞秋一起在圖書館念書、查資料、幫瑞秋打報告，覺得好像跟瑞秋一起上大學了。

　和媽媽的週末時光使瑞秋失去和同學社交的機會，不過志在讀書的瑞秋也不介意。事實上，她也曾試著去參與同學熱衷的活動，如有一次她和好友朵瑞絲去參加一個下午茶聚會。起先她還勉強耐著性子，看同學裝模作樣，故作優雅的喝茶吃精緻點心，言不及義的談著一些無聊話題，在覺得自己快窒息而死前，瑞秋拉著朵瑞絲落荒而逃。回宿舍的途中，她大笑著對朵瑞絲說：「我們回去做個果醬三明治，大口大口的把它吃下去

吧。」從此她再也不肯去參加這類的「洋娃娃聚會」了。

如此「與眾不同」，使瑞秋因而遭到其他同學排擠。當她正在專心念書時，會有人故意跟她說有她的電話，讓她趕快放下書本從寢室趕到大廳，卻發現根本沒這回事；有人假裝不小心把蜜粉翻倒，灑得她的床單棉被上全是粉，那人隨口道歉後，卻不清理就走人；更不用說在她背後取笑她的穿著，戲謔的稱呼她是「清高的學者」，連卡森太太都因常來學校而被取了個「通勤生」的綽號。

同學的不友善也可能是來自嫉妒。任何人看了瑞秋的大學畢業冊都會同意，瑞秋是那一年畢業生中數一數二漂亮的女孩。天生麗質、頭腦聰明，偏偏又對自己的美麗毫不在乎的人，的確會讓一些只會盲目追求虛榮的無腦女孩視為眼中釘。

瑞秋對同學們這些幼稚或惡作劇的行為向來

嗤之以鼻，覺得花心思去作任何回應，簡直是浪費生命。何況，瑞秋並不是真的與世隔絕。她在大學交了幾個至交好友，如歷史系的瑪傑麗，生物系的瑪麗和朵瑞絲。對她來說，擁有知己兩三，比滿屋子相識卻無一人知心更有意義。此外，她也活躍於學校的曲棍球隊和籃球隊。

道不同不相為謀，瑞秋做她該做的，不在意別人的眼光，也不勉強自己活在別人的認同下，自在的過她的大學生活。

賓州女子學院對選課有個規定：每個文學院學生在大二時必須修一門理學院科目，而理學院學生也必須於大二修一門文學院科目。

瑞秋決定上下學期各修生物一和生物二，和好朋友朵瑞絲當同學。此刻的瑞秋一點也不知道，這個決定改變了她的一生。

從文學到科學

別看教生物的瑪麗‧施錦科老師人長得小小的，全身可充滿了活力，上課時情緒高昂，課教得有趣又引人入勝，每個學生都能強烈感受到她對探索生命奧祕的熱情。在她的帶領下，瑞秋豁然了解花怎麼開，樹為何有葉，蛙為何低鳴，連顯微鏡下的細胞都向瑞秋顯現出生命的美麗和繁複。

不過修施錦科老師的課並不輕鬆。她對學生的課業要求嚴格，課堂和實驗的成績並重，而且最不能忍受只想來混學分的學生。凡是不認真讀書，不好好寫報告的，學期末的成績絕對拿 C 回家。

施老師的嚴謹使她成為校長眼中的頭痛人

物。那些拿 C 的學生碰巧都是富家女兒，家長看到這種成績大感不悅，向學校抗議。私立學院的營運靠的是學生學費和家長捐助，所以庫立茲女士平日和這些有錢家長保持很好的關係。現在面對他們的抗議，只好請施錦科老師想辦法改成績，施錦科自然不肯，讓校長很難面對家長。另一方面，施錦科老師老是希望校方能多開一些科學課程，偏偏校長覺得女孩子在科學領域的出路很窄，不贊成女孩子多讀科學，「反正到最後還不都是嫁人當媽媽，何必傷腦筋鑽研屬於男人的東西？」兩人理念不合，衝突時起。

　　施錦科老師的完美主義和對理想的堅持倒是正合瑞秋的個性。瑞秋有文學的觸角、詩人的情懷，同時也有縝密的思路、不苟的態度。生物學用觀察和實驗的方式，有系統的解釋生命的起源、構造、演化、行為、與環境的互動關係。那種變化和規律並存的奇妙，令瑞秋神往，也喚醒她從小對自然的熱愛。越是往生物的知識裡鑽，

瑞秋發現自己越是著迷。

　　到了大三，瑞秋做了一個令大家跌破眼鏡的決定──轉到生物系！首先大力反對的是英文作文教授柯拉芙。在她的眼中，瑞秋是個不可多得的文學人才，她全力栽培瑞秋，深信她是文壇的明日之星。同學們都覺得她瘋了，大三了才要轉系，要補修多少學分，補做多少實驗呀？校長更是大大反對，她常閱讀瑞秋發表在校報上的文章，一直嘉許瑞秋想當作家的心志，覺得是個很適合女孩子的生涯規畫，既受人尊重又能兼顧家庭。

　　瑞秋心意已定，面對反對的聲浪，絲毫不為所動，開始加緊腳步，把應該補足的課修完，還繼續編校報，並加入科學社。

　　最高興的人是好友朵瑞絲，現在兩個人同系，可以一起上課，一起做實驗。有一次兩人要去戶外採集實驗樣本，剛好卡森太太來了。朵瑞絲看著卡森太太身穿陳舊騎馬裝和樣式醜陋的鞋子，心想還要帶個老媽媽去，真麻煩。誰知一趟下來，朵瑞絲對卡森太太佩服得五體投地，因為她發現：「卡森太太什麼都知道，動物的習性、植物的種類，什麼都難不倒她，我終於知道瑞秋天性裡對大自然的好奇心和興致從哪裡來的了。」

　　即使課業非常繁重，瑞秋也沒有失去她個性中慧點輕鬆的一面。朵瑞絲發現實驗室的酒日漸減少，常常實驗需要用時，卻發現瓶內空空。她想不出如何應付，便和瑞秋商量。兩人討論後，懷疑因那時美國在戒嚴時期，酒不被允許當作飲料販賣，可能被同學潛入實驗室偷喝掉了。瑞秋將每瓶酒都滴進幾滴紅色食用色素，把瓶上標籤撕掉，畫上骷髏頭，假裝是毒藥，果然從此滴酒未失。這個往事成為兩人日後相聚時，一談起就

不禁哈哈大笑的話題。

生活被讀書、實驗填滿的瑞秋，對女孩子熱衷的時尚、聚會興趣缺缺，那麼對男孩子呢？

瑞秋大三時和其他同學一起去只准大三和大四學生參加的畢業舞會。這是大學裡的一大盛事，每個女孩子都極盡本事的打扮妝點，務必要讓自己在最後的大學生活中留下美麗燦爛的回憶。瑞秋向同學借了舞會服裝，還讓同學幫忙邀約男伴。結果兩人在舞會中相談甚歡，活動後，還一起去看了幾次足球賽。不過之後就不了了之，因為瑞秋打定主意要走學術研究路線，這和那時一般男生希望娶個在家裡待著的賢妻良母，相去甚遠。瑞秋跟好友瑪麗說了內心話：「哪一個男生會忍受自己的女朋友手拿著刀解剖烏龜頭，或泡在汙濁的池塘裡汲取原蟲研究樣本？」再想到已經離兩次婚的姐姐和婚姻岌岌可危

的哥哥，瑞秋決定把男女情事拋在腦後。

瑞秋在大四時遇見了兩件不順利的事。

一是學費無望。入學第一年，幸虧有校長和院長私下向自己的朋友募款，支付了大部分的學費，其餘靠家裡供應。這種募款並不是穩定的獎學金來源，去年願意捐助的人今年未必還要繼續，或維持相等的金額。即使卡森先生和太太想盡辦法開源節流，瑞秋大四開學前仍欠了學校一千六百美元。眼看著再一年就要畢業，卻因積欠過多學費而不能完成學業，對瑞秋是很大的打擊。全家開會後，決定由爸爸將部分土地，以贈與的方式，移到瑞秋的名下，再由瑞秋以財產所有人，將土地抵押給學校，償還學費。

另一件事是和校長庫立茲女士長久意見不合的施錦科老師決定離開學校，去約翰霍普金斯大學攻讀博士。施錦科老師有這樣的決定其實不令人意外。那時只有碩士學位的她，只能在學院制的學校任職。如果要到大學教書，勢必有博士學

位才行。此外，教了這幾年書後，施錦科老師深覺在生物領域必須有更深入的研究，加上和校長在理念上的差異，讓她總有懷才不遇的無奈，決定繼續進修。

沒有了施錦科老師，瑞秋悵然若失，尤其接任的安娜・懷婷博士除了全力支持校長的論調，認為女孩子受大學教育的最終目標是當好太太和好媽媽外，還「有辦法把生物科學教成全世界最枯燥無味的科目」，令瑞秋只想隨施錦科老師而去。

瑞秋馬上付諸行動，經過申請和施錦科老師的協助，獲得約翰霍普金斯大學的轉學許可，但是那所學校的學費遠高於賓州女子學院。在不可能拿到任何資助的情況下，瑞秋只好放棄轉學，乖乖在原校把大學念完，並申請約翰霍普金斯大學的研究所，順利拿到動物學碩士班的入學許可，以及第一年的獎學金。

施錦科老師在離校前，還為瑞秋做了一件

事。她向位於麻州伍茲霍爾鎮的海洋生物實驗室推薦瑞秋，讓她畢業後的那個夏天能到實驗室實習。海洋生物實驗室是全美國首屈一指的研究機構，圖書館收藏了全世界有關海洋生物的出版物，每一年夏天都匯集了來自世界各地的海洋生物專家在此進行研究，互相交流觀摩，號稱「生物學家的天堂」。

　　這個機構同時也接受學生申請研究實習，瑞秋和同學瑪麗・弗萊都獲得了實習許可。因施錦科老師之前的推薦信，瑞秋獲得食宿和課程都免費的獎學金。她想起小時候和媽媽散步時撿到的海螺化石，終於要看到夢想中的大海了！瑞秋對這個實習機會興奮不已。

游向大海

渴慕大海的瑞秋對實驗室的地理位置滿意極了。大片窗戶面向著大海，當被指派負責研究海洋爬蟲類顱神經的瑞秋忙著比較蜥蜴、蛇、鱷魚和海龜的末梢神經時，波浪的拍擊聲是背景音樂，抬頭入目便是遼闊蔚藍的海天一色。一有空檔，瑞秋就到海邊漫步，凝望潮來潮往，整個人融入了大海的呼吸和脈動。在寫給朵瑞絲的信中，瑞秋愉悅的說：「盡情體驗神祕大海的結果是，我被晒得又黑又滿臉雀斑！」

在這裡，瑞秋第一次享受到舒適的物質生活。

海洋生物實驗室只在夏天開放，而且位在度假勝地，雖是學術研究的工作環境，卻有輕鬆的

度假氣氛。瑞秋和同事們常在沙灘上打排球、烤肉、談天說笑、參加營火派對，還學會游泳。每天三餐在機構的附設餐廳用餐，餐桌鋪的是潔白細柔的桌布，上面擺著成套的高級餐具，桌旁有侍者伺候。

　　學術環境更是讓瑞秋的精神和智識得到很大的滿足。以前只在試管裡或圖片裡看過海洋生物，這裡卻可以看到牠們在自然環境中成長生活，令瑞秋既感動又驚嘆。不只如此，鎮日與生物學家一同研究，單單聽他們交談的內容，都讓瑞秋受益匪淺，深有歸屬感，更加確定自己改變人生跑道的選擇無誤。

　　這個夏天影響瑞秋甚鉅。日後寫第一本書《海風下》時，她提及在海洋生物實驗室的經驗：「這裡讓我真正了解海洋世界。我

不再從科學知識和事
實來認識海鳥、魚類、
沙灘蟹，而是從牠們的角
度來看牠們所生活的世界。我的心
思意念潛入大海，和海洋生物在同
一個方位。」寫第二本書《大藍海洋》
時，她說：「這本書的孕育，該追溯到在海洋生物
實驗室的那個夏天。」

　　結束實驗室的實習後，瑞秋已經打定主意要
往海洋生物研究的路線走。上研究所前，瑞秋順
道去首都華府拜訪美國漁業部科學查詢處處長希
金斯先生，請教去約翰霍普金斯大學該修什麼
課？國家在海洋研究方面有什麼展望？以後會有
什麼工作機會？瑞秋一直保持尊重專業的態度，
無論是研究或日後寫書，都不自以為是，一意孤
行，而是時常謙虛請教專家。

　　約翰霍普金斯大學動物學研究所的日子緊湊
而快樂。除了上學，瑞秋也擔任雷門‧帕歐教授

的實驗助理。雖然必須長時間在顯微鏡下做實驗、寫報告、閱讀大量文獻，但瑞秋樂在其中，一點也不引以為苦。

學術環境讓瑞秋如魚得水，但物質環境卻令她處處受限。入學後隔年，美國發生經濟大恐慌，生產停頓，失業、失學、營養不良、飢餓人口不計其數，單單流浪人口就多達兩百萬人。瑞秋一直是家中最大的希望，全家決定搬來學校鄰近的巴爾的摩，與瑞秋就近居住。

爸爸媽媽此時都六十幾歲了，沒有工作。姐姐得了糖尿病，不能工作，和兩個女兒住在家裡。哥哥離婚後，仍住在家裡，在一家收音機修理店當估價員，賺取微薄的工資。

為了幫助家計，瑞秋在繁重的課業之外，擔任系上實驗助理，每天清洗實驗器具、協助學生做實驗，還在馬里蘭大學動物學系當兼職助理，暑假時則留校當暑期班助教。1932年6月，瑞秋以一百零八頁的碩士論文〈鯰魚早期生命的魚頭

腎發展〉獲得動物學碩士，繼續助教和助理的工作，同時開始博士班課程。可惜讀不到兩年，為了幫助家裡度過經濟難關，瑞秋不得不休學找工作。

　　海洋研究領域本來就很少接受女性，此時因經濟蕭條，更加一職難求。瑞秋修改大學時寫的故事和詩作，投稿至全國性報章雜誌，如《週六晚報》和《讀者文摘》，寄望能賺點稿費，但都被退稿。已拿到博士學位的施錦科老師當時在政府的農業部動物科工作，鼓勵瑞秋考證照，公家單位若有職缺時就可以派上用場。瑞秋接連通過寄生蟲學家、野生動物學家、海洋生物學家的認證考試，依然沒有工作。

　　老天好像覺得給瑞秋的磨練還不夠。爸爸有

一天從後門走出去後，突然暈倒，心臟病發作去世。瑞秋成為家中最大的精神和財力支柱，家庭責任沉重的壓在她的肩上。

走投無路的瑞秋想起以前曾拜訪過的美國漁業部希金斯先生，抱著請他指點迷津的心情，希望得到一些謀職建議，沒想到卻意外走出一條新路。

漁業部在公共廣播電臺開了一個迷你節目叫「海底羅曼史」，計劃推出五十二集，每一集以七分鐘講述一個海洋生物的故事。希金斯先生本來希望由部裡的科學家撰稿，可是這些科學家表示他們不是作家，寫不出有趣生動的廣播稿，希金斯先生只好改請作家寫稿。不料一般作家沒有海洋科學知識，才寫幾集就寫不下去了。如果不馬上找到人來接手，這個節目不是得中斷，就是希金斯先生要親自撰寫。希金斯先生為找不到適當人選，傷透了腦筋。

當瑞秋站在希金斯先生面前，尋求指點時，

希金斯先生表示他正在找
一個既懂科學又擅
長寫作的人。瑞秋
興奮的說她曾主
修英文，編過校
報，又有海洋生
物的學術背景。
希金斯先生很抱歉

的跟她說這只是一個兼職的臨時工作，可能跟她
原先期望的不同。瑞秋現在根本不敢奢望有正式
職位，只要能有收入就好，何況這個工作結合了
她對寫作和海洋生物的熱愛，她非常願意嘗試。
希金斯先生一聽，二話不說，馬上錄用。

　　雖然只是一集七分鐘的廣播稿，認真的瑞秋
毫不掉以輕心，全力以赴的搜集資料、查證，再
以她的生花妙筆，用親切家常的口吻，將原本枯
燥乏味的科學知識寫成讓一般聽眾能輕易了解的
內容。節目果然大受好評，瑞秋得到一集十九塊

二十五分錢的薪資。

　　這個撰寫廣播稿的工作，也讓絞盡腦汁想為家裡增加一點收入的瑞秋，多了一條財路。她用寫稿時所做的研究，寫成較嚴肅的學術文章，投至當地報紙《巴爾的摩太陽報》，每一篇得稿費十至二十美元不等。

　　瑞秋並不用她的本名發表文章，而是署名 R. L. 卡森，也就是她名字的第一個字母。她認為當讀者以為作者是男性時，會比較正視文章的內容。她的第一篇稿子〈鯡魚季近了〉揭露當地海灣汙染對魚類生存的危害，在那個還沒環保意識的時代，可看出她走在時代尖端的真知灼見。

　　此時部裡剛好有個初級海洋生物學家的工作空缺，負責編輯刊物、回答民眾對海洋生命的問題、編寫針對一般讀者的魚類保護手冊，或幫忙研究人員分析資料等，屬於大學剛畢業的學生申請的入門職位。雖然持有知名大學碩士學位的瑞秋資格超標，但在一職難求的情形下，瑞秋珍惜

任何可能的工作機會。結果她以最高分被錄取，
還是當時應考的唯一女性，年薪兩千美元。

　　在二十九歲這一年，瑞秋終於有了第一個正
式工作。

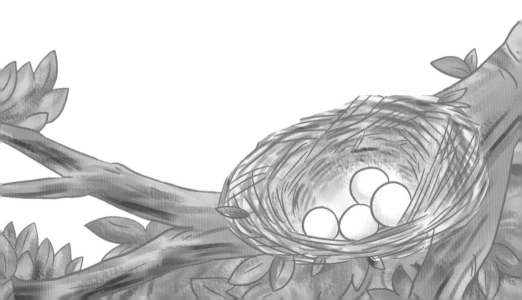

　　希金斯先生可算是瑞秋生命中的貴人，不但在工作上給予協助和指導，也賞識她的專業知識和寫作才華，對她的寫作大為支持鼓勵。瑞秋很感謝希金斯先生從不因她是女性而輕看她的能力，這在普遍存有性別歧視的科學界，是很難能可貴的境遇。

　　廣播節目結束後，希金斯先生請她為漁業部的海洋動物手冊寫一篇〈海洋世界〉。瑞秋撇開人的角度，從海中動物的眼光來寫牠們的世界，解釋海洋生物和牠們周遭環境的相互關係。她用淺顯易懂的文字解釋錯綜複雜的食物鏈，無論是微小矽藻、浮游生物，或龐大的藍鯨，都在海洋生態系統中息息相關。「地球的每個生命都互相有

關聯」正是瑞秋的生態理念。

希金斯先生覺得這篇文章寫得太好了，放在官方刊物裡太可惜，極力鼓勵她將稿子投到知名雜誌《大西洋月刊》。瑞秋沒有接受這個建議，改投能提供優渥獎金的《讀者文摘》徵文比賽。

稿子寄出去後，石沉大海。需要額外收入的瑞秋等了一段時間，見仍然沒有下文，只好修改一下文章，改採希金斯先生的建議，投到《大西洋月刊》。

瑞秋早該聽話的，這稿子一投出去，改變了她的一生。

《大西洋月刊》主編愛德華‧維克斯非常喜歡瑞秋這篇文章，馬上寫信給她：「我們編輯團隊的每個人都對您的文章留下深刻印象。您不但展現具有深度的科學探討，而且描述生動，連門外漢都能被激起豐富的想像力。」他建議瑞秋將文章題目改為「海底世界」，兩個月後刊出，稿費一百美元。

這篇文章不只受雜誌社肯定，也引起出版公司的注意。「西門與修斯特」出版公司的資深編輯霍昆西讀了瑞秋的文章後，非常鼓勵瑞秋將這個主題寫成一本書。瑞秋簡直不敢相信自己的耳朵。她一直喜愛寫作，但自從改行到生物領域後，雖然也不時幫報社和公家單位寫些東西，但她充其量只能算是個「可以寫點東西的人」，現在居然有出版社來找她寫書！年少時當作家的夢想重新在心裡火熱的燃燒起來。

瑞秋寫了大綱和第一章後，交給出版社審核。出版社先付第一期

稿費兩百五十美元，請瑞秋繼續寫下去。兩百五十美元並不足以讓肩負沉重家計的瑞秋辭去工作專心寫作，所以有長達三年之久，瑞秋一方面繼續漁業部的全職

工作，並將她在工作上的心得寫成文章，投至《巴爾的摩太陽報》發表，同時利用晚間和週末做研究、寫書，終於完成了《海風下》，於 1941 年 11 月出版。

瑞秋將書分為三個部分，以海底生物為書中主角。第一部分〈海邊〉，描寫一隻名為「黑腳」的三趾鷸和同伴「銀邊」帶領族群從避冬的南美飛回北極築巢，一路上與環境和氣候堅強奮戰。為了這一部分，瑞秋不但做足研究功課，還為了觀察海鳥的年度遷徙，數度請假到美國北卡州一個海島上短期居住。

第二部分〈海鷗的路徑〉，敘述魚類的長途遷徙旅程，由一隻叫「史孔博」的鯖魚開啟故事，從牠還是海面上一顆魚卵開始，數度成為其他動物的獵食對象，最後有驚無險的死裡逃生，加入鯖魚家族，一起

游向大海。緊張刺激的故事情節好像動作片一般，讀者的心情跟著史孔博的歷險起伏波動，一同經歷殘酷的自然生態。

鰻魚「安琪拉」在第三部分〈河流與海〉中，離開生活了十年的池塘，長途跋涉200英里，回到出生地產卵。不只是安琪拉，美洲和歐洲的鰻魚都會回到南美百慕達以南的海上產卵。奇怪的是，孵出來的幼魚不需別人帶路，自己會游回牠們從沒去過的父母的家鄉，長大後又回到出生地產卵。讀著安琪拉的「魚生」，不禁讓人再三讚嘆生命的奇妙和神祕。

瑞秋從海洋生物的角度來透視牠們每天所面對的生存問題。她說：「每個生物都是狩獵者也是獵物，必須捕食也會被吃，是大自然藉由食物鏈保持平衡的過程。」她並進一步表示：「黑腳、史孔博、安琪拉所面對的掙扎，同樣反映在人類千古以來所經歷的現象。」她解釋為何她筆下的動物如人類般，有緊張、狡猾、好鬥、害怕等個性

和情緒：「舉害怕為例，人類的害怕是一種心理反應，魚類卻是生理反應，我必須以人類能了解的方式來說明。」

《海風下》建立了瑞秋在文壇和科學界的聲譽。《科學讀書會》雜誌稱讚瑞秋「以詩歌般的文字傳達科學的事實」，並將之選為 11 月分的當月書摘。《紐約時報》的文評說這本書是「精確的海洋科學文獻，但像小說一般輕鬆易懂」。海洋生物學家畢比博士在他的書中評論瑞秋的描述「找不出一個科學錯誤」。

書出版後受到如此好評，瑞秋的努力沒有白費，只是很遺憾的，受到世界局勢的影響，書的銷路並不好。

就在書出版後一個月，珍珠港事件爆發，美國捲入第二次世界大戰，整個國家籠罩在烽火戰雲中，很少人對這一類書有興趣。瑞秋非常沮喪，決定先收起她的作家夢，把注意力全放在漁業部的工作上。

　　還好瑞秋那邊的工作還算順利。剛進漁業部正式工作時，瑞秋的級別是初級海洋生物學家，年薪兩千美元。之後希金斯先生將她升等為助理海洋生物學家，年薪兩千六百美元，並從擁擠的巴爾的摩辦公處調到寬敞的大學園實驗室，協助研究，寫報告。三年後，調到資訊處，為希金斯先生編輯田野調查報告，發行海洋生物期刊。

　　大戰開始後，巴爾的摩辦公處因為靠近首都華府，部分空間被軍事單位徵用，瑞秋的單位遷至芝加哥。瑞秋不知道這個調動會維持多久，就先和媽媽搬去。姐姐在幾年前去世，瑞秋幫忙養育的大女兒那時已當速記員，可以自力更生。二女兒剛高中畢業，和朋友住在一起。她們都能夠照顧自己，於是瑞秋可以放心和兩個孩子分離。

　　瑞秋在芝加哥期間，為漁業部編寫《從海洋

來的食物》系列手冊，鼓勵美國民眾多食用海鮮，以應付戰時肉類的不足。她介紹了約一百種魚類，講述漁業歷史和生長海域，還附烹調方法。此書被讚揚為「充滿科學事實又淺顯易懂，一般家庭主婦都能輕易明白。」

瑞秋和媽媽在芝加哥待不到一年，就申請回巴爾的摩辦公處，與兩個孩子團圓，並被升等為副海洋生物學家，加薪六百美元。

不像出書那樣出師不利，漁業部的工作顯得順利得多，但瑞秋總覺得有點鬱悶。除了政府機構的一些官僚習氣讓她不以為然外，她的工作一直局限在資料處理和文書工作。瑞秋覺得自己的能力不止於此，應該更能有所發揮，開始考慮改變工作環境。

她先試著申請《讀者文摘》的編輯工作——沒有空缺。向畢比博士探詢紐約動物學協會的工作機會——沒有。申請成為國家雜誌社的駐社作家——不接受女性。此時戰爭結束，退伍士兵大

量湧入就業市場，更難轉業。

　　既然得繼續留在漁業部，瑞秋轉念一想，其實這份工作也不錯，既提供穩定的收入，又讓她輕易取得研究資料，對她的科學寫作很有幫助，便決定專心把這份工作做好。

　　瑞秋心態這麼一改變，契機便出現了。

暢銷作家

　　自從升到副海洋生物學家的職位後，瑞秋以為這應該是極限了吧，編寫期刊還能有什麼發展？可是因為她的專注和敬業，使她接下來幾年，接連被擢升為海洋生物學家、資訊專家、生物學家、主編。職位升級，薪水增漲，責任加重，工作不再局限於案頭舞文弄墨，而是不時必須到戶外田野做實地考察。瑞秋覺得這才是寫作和科學的真實結合。

　　工作一帆風順，使之前書籍滯銷的失意大為減輕，瑞秋又開始考慮寫第二本書。正在苦惱又得像第一本書時那樣，只能利用公餘的零碎時間書寫，剛好謝斯頓研究基金會頒發一筆兩千兩百五十美元的獎金給她。有了生活費，瑞秋決定向

漁業部請長假，專心寫作。

　　和第一本書不同的地方不只是可以運用的時間變多了，而且瑞秋不再枯等出版社來接洽，這次她主動出擊。瑞秋請瑪麗・羅德當她的經紀人。瑪麗曾擔任過編輯，本身是推理小說作家。瑪麗拿瑞秋的新書大綱和第一章，與幾家出版社洽談，最後敲定與牛津大學出版社簽約。

　　為了寫這本書，瑞秋查閱了一千多處資料來源、請教許多海洋學家和科學家、潛水到海底採集標本、搭研究艇到大西洋，在那兒待一段日子觀察魚類、花無數時間在顯微鏡下做實驗，終於寫成《大藍海洋》。

　　瑞秋在新書裡指出地球本來整個是海洋，歐洲、亞洲、非洲等大陸是後來從海底冒上來的土地，以後也可能再度沉入海底。她強調人類是地球的後來者，在人類出現之前，海洋生物早就在那兒了。要了解地球，必須先了解海洋。

　　瑞秋用了三個部分來闡述這個理念。〈母親

海〉說明大海和陸地的起源，從海面上的海水到大海深處的海床、食物鏈、奇特的海洋生物、土地的形成等，一一描述。〈不安的海〉解釋風、太陽、月亮、地球自轉、波浪、潮汐如何影響大海。〈人和海〉分析海如何影響人類生活，譬如海所造成的氣候變化，短期可改變行程，長期如冰河時期的發展，改變了生存環境。海中的礦產如石油、鹽、黃金是人類生活中很重要的資源。

　　第一本書《海風下》請動物講故事，敘述生動有趣又兼具科學事實，結果銷路慘遭滑鐵盧。第二本書《大藍海洋》由瑞秋以第一人稱口氣講述，內容是一板一眼的科學資料。瑞秋認為除了專家、學者、學生外，大概一般讀者不會有什麼興趣吧？其實，單單只能成為一本海洋專業的參考書籍，她也滿足了。

　　結果事情跟瑞秋預想的完全相反！

　　書在 1951 年 7 月 1 日出版，到了月底，已經榮登《紐約時報》暢銷排行榜，而且蟬聯八十六

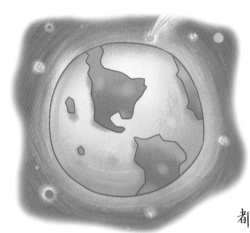

週，其中三十二週獨占鰲頭！到了年底聖誕節期間，一天平均賣出四百本。書一上架就被買走，出版社都來不及印書。連以前拒絕瑞秋稿件的《讀者文摘》都刊出全書節錄，以三十二種語言發行全球。才一年多，美國銷路已經超過二十五萬本。

　　這個熱烈的市場反應完全超乎瑞秋的想像。她不斷的跟瑪麗說：「讀者是怎麼了？怎麼完全無法理解？」

　　不只瑞秋，許多出版商和書評家也想知道是什麼原因造成這種狂熱的現象。有的說因為二次大戰後，原子武器的發展，使人們對核戰的可能性心生畏懼，想要更加了解所生存的地球。有的說因為美國和蘇聯的冷戰，以及韓戰爆發，使人

們厭倦詭譎的政治，瑞秋的書公允而寬廣，涵蓋的範圍超過數百萬年，所有人為的權術操縱在大自然長久的發展中，顯得微不足道，使讀者心靈得到安慰和釋放。

不管是什麼原因，瑞秋的確因為書的成功而聲名大噪，頻頻獲獎。

《紐約時報》推選《大藍海洋》為「年度好書」；瑞秋被出版協會選為「年度文壇女作家」；美國庭園俱樂部、費城地理協會、紐約動物學協會、限量版俱樂部、國家圖書協會都頒獎給她。瑞秋還被選為英國皇家文學院院士，並成為美國國家文學藝術學院有史以來的第二位女性院士。

她同時被許多大學邀請接受榮譽博士學位，但她只選了母校賓州女子學院、歐柏林學院、瑞索理工學院和史密斯學院四所學校。

《大藍海洋》出版後不到一年，牛津大學出版社再版她的第一本書《海風下》，同樣立刻進入暢銷排行榜。《紐約時報》將這兩本書的人氣稱之為

「如日蝕般稀奇的出版現象」。製片公司找上門，將《大藍海洋》拍成影片，並得到 1953 年的奧斯卡最佳紀錄片獎。不過瑞秋對這部影片很不滿意，認為內容流於誇張、濫情、不準確。這之後再有製片公司來要求合作，瑞秋都非常小心，除非她能掌握內容的審核權，否則絕不接受。

成功也帶來苦惱。

因為瑞秋隱士般的低調，使文壇對她有許多猜測和流言。有的說書上沒有作者相片，因為這個人其實是男性，瑞秋‧卡森只是筆名。有的說作者一定很老很老，才能這麼學識淵博。報上有則漫畫把瑞秋畫成一個高大強壯的亞馬遜戰士。幾乎每一個男性書評家在他們的評論文章中都質疑瑞秋到底是什麼模樣。

等到瑞秋終於出現在《週六文評》雜誌的封面時，舉國嘩然，大家的重心全轉移到她的外表。《紐約時報》作家李歐納說：「書上不登卡森小姐的照片，真的太可惜了。讓人看到女性能把科學

寫得這麼美麗而精確，其實是件令人愉快的事。」
《波斯頓全球報》報導：「你大概會以為能寫得出
浩瀚海洋的作家，必定長得魁梧有力吧？錯了！
卡森小姐既小巧纖瘦，又有女人味。她有栗色的
頭髮，像大海一般的藍綠色眼睛，手指塗著淡淡
的粉紅色指甲油，化妝非常合宜。」電視臺、廣
播電臺要她上節目，到處有人要請她演講。

　　這樣的關注使瑞秋的私生活大受干擾。走在
路上，會有人追著要求簽名。去美容院美髮，人
好好坐在吹風機下，突然電源被關掉，因為有興
奮的粉絲要和她說話。那時姐姐的二女兒瑪裘莉

和有婦之夫交往而懷孕，因為瑞秋的知名度而被大肆渲染。看到外甥女因自己的盛名而受到傷害，瑞秋再也受不了了，她對經紀人說：「夠了！真的夠了！」推掉所有的公開場合，瑞秋說她只想靜靜寫一些好書，為地球盡一份心力。

　　然而一心只想懷抱地球的瑞秋，一點也不知道自己會突然成了一個三歲幼兒的母親。

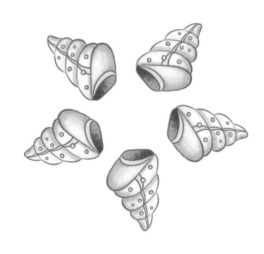

09
成為媽媽

姐姐因肺炎去世後，瑞秋負起養育她兩個女兒的責任。即使她們長大成人了，還一直跟阿姨保持親密的關係。

有一年，姐姐的二女兒瑪裘莉帶著二十個月大的兒子羅傑來度假。看著眼前幼小的小外甥孫，瑞秋想起小時候在媽媽的啟迪下，開始探索大自然，決定也帶羅傑去探險。

那是一個月黑風高，暴風雨將臨的秋夜，瑞秋用毯子把羅傑結實的裹好，直奔海邊。這是羅傑第一次來到海邊，看到波浪高高捲起，沖向沙灘，興奮的咯咯直笑。在微亮的星光下，瑞秋突然發現他們的相同之處——對大海都有一種天生的熱情。

　　兩天後，他們再度夜訪海邊。這一次瑞秋讓他自己下來走。在手電筒的照射下，瑞秋帶著羅傑找尋沙蟹。羅傑無懼海風的呼嘯，對洶湧的波浪和幽暗的海邊，好像早已熟悉一般，一副若無其事的樣子。瑞秋忽然有一種感動：這個差了兩代的孩子，好像和自己的生命相連。

　　那時的瑞秋一點也沒想到，一年多後，羅傑會真的成為她的孩子。

　　瑪裘莉懷羅傑時，吃盡了苦頭。有糖尿病體質的她，懷孕期間一方面要克服身體的不適，一方面擔心流產或胎兒會過大。好不容易把羅傑生下後，卻一直體弱多病，始終無法強健起來。

　　度假後期，瑪裘莉忽然糖尿病和關節炎合併發作，纏綿床榻一段時間。照顧老母親、病人、幼兒的重擔一下子全落在瑞秋肩上。那時的她忙得團團轉，三餐常拿著三明治，一邊做事一邊吃，早忘了自己何時曾經坐下來好好吃過一頓飯，更不用說坐下來寫寫文章。瑞秋對經紀人瑪麗說，

比起家庭情況所給她的壓力和焦慮，外界的注目實在算不上什麼。有時她必須趁著大家午睡時，趕緊去田野走走。只有在大自然中，瑞秋才能忘卻煩惱。

瑪裘莉的身體時好時壞。狀況好時，能自己下樓，瑞秋就高興得不得了，以為病情要好轉了。可是瑪裘莉還有嚴重貧血症，身體不容易復原，最後更因感染肺炎，病情惡化，緊急送醫院後，再也沒有醒過來，才三十一歲就告別人世。

三歲的小羅傑怎麼辦呢？八十歲老母親堅持說她可以幫忙照顧，瑞秋知道她心有餘而力不足。瑪裘莉的姐姐維吉妮亞說她有全職工作，而且先生一天到晚出差，家裡還有與前妻生的孩子，不方便再照顧羅傑。哥哥羅伯特沒有孩子，也不想有孩子，而且他和羅傑好像天生相剋，他覺得羅傑很煩，羅傑也討厭他。

　　瑞秋知道自己是羅傑唯一的依靠了。一直保持單身，已經五十歲的瑞秋領養了羅傑，而且很認真的想著要怎麼給羅傑最好的環境。她向好友陶樂思說，真希望自己能年輕個二十歲，這樣就更能勝任幼兒母親的角色了。

　　要給羅傑最好的環境的第一步是換個大一點的房子，但不知為何，總是找不到中意的。瑞秋決定按照自己的設計，請人蓋一間。她在馬里蘭州銀泉鎮找了一片樹木蓊鬱的土地，蓋一棟紅磚平房，有很大的窗戶，很充足的光線。地下室除了有可以讓羅傑遊玩的空間，還有一套臥房和衛浴設備。3月才動工，7月瑞秋就和媽媽、羅傑搬入新家。

　　羅傑聰明、敏感、好奇，可是動作總是怪怪的。他的手腳肌肉不協調，不能靈巧操縱物品，常掉東西，顯得動作笨拙。平日總和成人在一起的他，不知道怎麼和其他孩子互動，應對怪異。更糟糕的是，隨著年紀增長，瑞秋發現他注意力

無法集中，不容易專心，無法
自娛，缺乏安全感，總是需
要別人特別注意。

面對這個與自己個性
迥異的孩子，瑞秋寫信給緬
因州的好友陶樂思：「我覺得好
孤單好無力，有時會害怕，如果自己先走了，羅
傑怎麼辦？」

瑞秋決定以大自然為遊樂場，讓整天纏人的
羅傑把注意力移轉到戶外。不管天氣好壞或時間
早晚，她每天都帶羅傑出去散步。

她不刻意教他什麼，只是隨意走走聊聊，引
導他注意一些變化，讓他感受置身大自然中的那
種愉悅。

有時他們會在海灣坐上半天，看鯨魚巡遊水
面、噴出白色水柱、追逐魚群。有時他們半夜才
出發，在海邊觀賞雲母在岩石中閃耀著光芒。瑞
秋覺得羅傑能有這種體驗比上床早睡還有價值。

　　若逢下雨，兩個人就興高采烈的穿上黃色雨衣出門，因為「雨天是最好的散步時間，可以遇見狐狸或鹿。」

　　她帶著羅傑觸摸肥沃的泥土，觀察種子發芽，聽雷、風、波浪、流水、鳥、昆蟲的聲音。

　　他們也欣賞日出日落的美，看雲的移動、星星的閃爍、感受雨灑在臉上的涼意、四季的變化、鳥的遷移。

　　有時他們也用放大鏡，看一粒沙在鏡片下可以像水晶、閃亮的黑玉、小石頭。一叢苔蘚可以像熱帶叢林，好似有昆蟲和老虎在其中居住。

　　即使不出門，他們也會在夜晚的起居室裡，從大窗戶觀看月亮逐漸落到地平線，或把幾根水草放在玻璃容器裡，觀察許多生物孳生。原本注意力短暫又個性緊張的羅傑，在空曠而樸實的大自然中得到紓解和釋放。

　　瑞秋只是陪著羅傑探索，讓他用眼、耳、鼻、手去經驗，並不灌輸知識。瑞秋認為年幼時知道

什麼是什麼並不重要，能親身感受才重要。

　　說也奇怪，瑞秋不刻意教羅傑認識植物或動物的名字，只是隨口說出，羅傑倒是牢牢記住了。回家看到圖片，他便能馬上說出：「這是姨婆喜歡的御膳橘。」「這是杜松，上面的綠莓不能吃，那是給松鼠吃的。」也能輕易辨認峨螺、玉黍螺、貽貝等。瑞秋寫信給朋友時說：「我想不通他是怎麼學會的。若靠考試強記，學習就不會這麼自然牢靠，大自然真的是最好的教室。」

　　這些和羅傑共度的時光，讓瑞秋深覺小孩的世界是如此潔淨、美麗，處處充滿驚奇。如果成人不願和孩子一起發掘、分享這份喜悅和神祕，可能孩子漸漸長大，就會失去這份對美的直覺和奇妙的感受。這份擔憂促使她開始寫《驚奇之心》這本書，希望大人小孩都能保有對大自然的好奇心，學習欣賞和珍惜。

10
堅忍不拔

　　豐厚的稿費和版權收入使瑞秋可以安心過日子，《大藍海洋》出版後一年多，瑞秋就正式辭掉漁業部的工作，安靜寫作。除了為雜誌、報社寫稿外，也開始著手準備第三本書。

　　她的構想是寫一本有關海邊的書，因為「海邊不只提供美麗的風景，也是豐富的生態環境」。為了這本書，瑞秋花了整個夏天在緬因州的海洋生物實驗室查資料、僱請一位助理幫忙研究工作，還因愛上緬因州的海，在海邊買了一塊1畝半的地，請人蓋了一間小屋。

　　屋子後面是森林，前面是大海。瑞秋不時和媽媽帶食物去餵海鷗，到鄰近海岸去收集標本，日子幽靜而單純。瑞秋終於過著一直嚮往的生活

方式——研究和寫作。

　　就在這個地方，她寫下了第三本書《海之濱》，和前兩本書合起來成為一套「海洋三部曲」。這本書解釋海邊生物住在哪兒，如何生活，如何相依相剋，以及牠們與潮汐的關係。她也介紹那些漲潮時活在水下，退潮時活在水上的生物，如海星、海葵、長春花、海綿、珊瑚等。瑞秋希望人們讀完這本書，再到海邊遊玩時，能善待這些動物。

　　《海之濱》依然得到好評，依然出版後馬上進入《紐約時報》的暢銷排行榜，但不像前一本

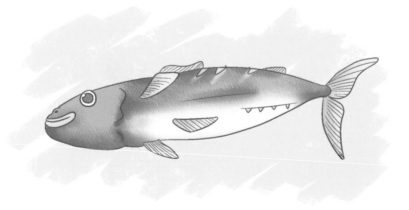

書那樣引起書迷的瘋狂反應。瑞秋很高興有這個情況，表示讀者成熟了，能真正欣賞書的內涵，而不是一窩蜂追求流行。

瑞秋從小在大自然中成長，深刻體會大自然所蘊含的豐富和美麗，也痛心因人們的無知所造成的破壞。舉她的住處附近為例，她會買下這塊地是因為屋前是清澈蔚藍的海水，屋後有原始未經開發的森林。但是隨著鄰近城鎮的開發，人口湧進，建築商開始沒有計畫的大肆砍伐林木，不但使自然景觀改變，水土也嚴重流失。瑞秋在寫給朋友的一封信上說：「我真恨不得有足夠的錢把這些森林全買下，免得遭商人任意破壞。」

因為這份焦慮和試圖挽救的心志，瑞秋召集成立了全國大自然保護協會的緬因州分會，並成為致力保存高山湖泊的美國基金會董事。

瑞秋越是關注自然環境的保護，就越發現令人憂心的問題，譬如農藥DDT的使用。

因為政府和化學公司的大力推崇，衛生署的

安全保證，加上售價低
廉，DDT 成為農民、
林園主人、業餘園藝
家大量使用的殺蟲
劑。可是有一些科學
家質疑長期使用

DDT 可能造成負面的影響，譬如水質汙染、對林
木、鳥類、昆蟲的戕害等。當一些動物在 DDT 噴
灑後慘死的相片被公開後，有人開始疾呼，在進
一步研究還沒完成前，先停止使用，以免害蟲死
了，野生動物和人類也活不久了。

其實瑞秋在漁業部工作時，就注意到 DDT
對環境的影響，早就在這方面有所研究。瑞秋寫
了一篇她對 DDT 的研究，經紀人瑪麗居然找不
到一家雜誌社願意刊登這篇文章，因為他們擔
心，由瑞秋這種重量級作家說出對 DDT 不利的
言論，輿論可能會一面倒，若因而惹怒了大公司，
恐怕會停止登載廣告。

瑞秋越深入探討，越覺得事態嚴重，決定把那一篇沒人要的文章收回，改寫成一本書，不管寫成後會不會有出版社願意出書，她都要完成。在她給好友陶樂思的信中，她說：「我若是閉口不言會良心不安。」

　　為了寫這本書，瑞秋運用了她在政府研究單位工作多年所建立的人際網，得到許多科學家、圖書館、博物館、國家自然協會、野生動物基金會、專家、學者的協助，給予所需資料。經過小心求證後，寫成的每一章，瑞秋都會寄給數個專家，請他們指正。當然，也不是每一個人都願意幫忙，美國農業部就拒絕讓瑞秋進入查閱資料。有一位昆蟲學家從農業部內暗中傳送瑞秋所需的資料，請她不要註明提供人。

　　這本書花了瑞秋很多的時間，即使早超過截稿日了，編輯催稿如催命，為她數度展延截稿日，她還是不輕易交稿，一定要寫到完全滿意為止。她的研究助理貝蒂‧漢妮日後回想時說：「卡森

小姐寫這本書的進度慢到讓我想到龜兔賽跑裡的那隻烏龜。為了務求內容精確，她可以為了一小段話，查證很多的資料，請教許多專家。她的毅力也和那隻烏龜一樣，終於到達了終點，獲得勝利。」

不只嚴謹的態度使她兢兢業業，不願急就章，瑞秋身邊的家人在寫作期間離去，和她自己的健康狀況惡化，都讓寫作過程坎坷不順。

先是瑪裘莉因患嚴重糖尿病和關節炎而去世，留下小羅傑。隔一年，媽媽因中風和肺炎而離開人世。

媽媽指定瑞秋為遺囑執行人，而非哥哥。在訃聞上，瑞秋寫道：「瑪麗亞·卡森一生熱愛大自然，她對土地的情感轉移至她的女兒瑞秋身上，促使她寫下 1952 年的最佳暢銷書《大藍海洋》。」

她在寫給朋友瑪傑麗的信中提到媽媽：「她最不凡的生命特質就是對所有生物的愛。雖個性溫和善感，但是遇到不對的事，堅決抵抗。她的

　　理想和毅力，幫助我堅定面對人生的難題。」

　　媽媽是瑞秋一生的精神導師和生活伙伴。媽媽走後，瑞秋不但沒有倒下，反而把對媽媽的懷念轉變為寫書的力量。她知道只有盡心盡力的保護自然環境，才能讓媽媽在天之靈得到安慰。

　　到了 1960 年，五十三歲的瑞秋身體頻出狀況。從 1 月開始，潰瘍、病毒性肺炎、鼻竇炎接踵而至。十年前被誤診為良性並以為已割除乾淨的腫瘤，現在復發變成乳癌。放射治療使她身體非常疲倦虛弱。到了年底又雪上加霜，得了傳染

性類風溼關節炎。劇烈的關節疼痛使她必須臥床休息，不能寫字。

即使這麼備受考驗，堅忍的瑞秋仍於 1962 年出版了《寂靜的春天》，將書題名獻給反核戰的 1952 年諾貝爾和平獎得主史懷哲，並在題詞中寫著：「人類已經失去預知和防範的能力，只會毀滅地球，然後自己滅亡。」書名的靈感來自英國詩人濟慈的詩句：「湖邊的莎草枯萎了，鳥兒也不再歌唱」，意思是說人們如果繼續濫用農藥、殺蟲劑，春天就會像詩人所說的那般，不再有蟲鳴鳥叫，大地將會一片寂靜。

這本瑞秋用了全部的生命，即使沒有出版社有興趣也堅持要寫的書，一發行，馬上像丟出一顆原子彈般，震撼化學產業界、政府、學術界、文化界，引爆驚人的強烈反應。

11

寂靜的春天

　　《寂靜的春天》共有十七章。第一章〈明日的寓言〉描述一個原本美麗安康的小鎮突遭瘟疫侵襲，疾病和死亡的陰影籠罩整個小鎮，笑聲和鳥語消失無蹤，生機絕滅，一片死寂。

　　既然是寓言，表示這個故事並不真的存在。有些科學家批評這種杜撰的開頭太不符合科學真實性，但瑞秋認為她的書不僅要提供科學知識，也要敲醒愚昧無知的人們，引導他們深思環境保護的重要性，所以必須要有具「棒喝」作用的開始。

　　接下來的十六章，瑞秋指出地球原本處於數百萬年生物和環境互動所達成的平衡狀態，卻因人類濫用輻射線和如 DDT 的殺蟲劑，忽視其可

能造成的巨大傷害，改變了世界的命運。

美國為了消除毒蛾和火蟻，用飛機從空中肆無忌憚的大區域噴灑農藥，雖然殺死害蟲，但也破壞土壤，汙染水源，植物和魚類都遭到毒害。吃進這些植物的昆蟲、動物、人類，以及吃了這些昆蟲的鳥類連帶中毒。溪水不再清澈、魚兒停止悠游、小鳥都啞了、雞鴨牛羊變成毒物、人類莫名其妙發病。食物鏈遭受汙染，使地球形同地獄。

更糟的是，害蟲可能會因躲避殺蟲劑噴灑而逃往他處，使繁殖地更加擴大，而且害蟲會對藥劑產生抗體，藉著遺傳，下一代發展出更強的生命力。要消滅牠們，勢必加強化學藥劑的威力，幾代後，害蟲更加強壯，人類則被毒物破壞器官組織、細胞、肌肉、染色體，導致突變和病變層出不窮。在使用殺蟲劑這條路上，人類節節退敗。

瑞秋力主「生物控制法」，以自然準則來取得生態平衡，譬如除去會孳生甲蟲的榆樹，以防治

荷蘭榆樹病；保持草地健康以杜絕馬唐草的生長；還有天敵消滅法、昆蟲消毒法、超聲波控制法等。瑞秋在這本書中重申她並不是全面禁止所有農藥的使用，而是針對如 DDT 這類的氯化碳氫化合產品。

　　為了寫這本書，瑞秋花了好幾年做案例研究。她曾在陷入寫作瓶頸時，寫信給另一位作家保羅‧布魯克斯說：「支持我繼續寫下去的力量是一股來自我內心的信念。我希望這本書是建立在一個不可動搖的根基上，而不是沒有足夠的證據就匆促出書，其中的漏洞反而成為攻擊者的把柄。」

　　《寂靜的春天》於 1962 年 6 月開始分月在《紐約客》雜誌連載濃縮版，讀者的來信馬上如雪片般飛來。《紐約客》表示從來沒見過這麼熱烈的讀者迴響，大多是正面反應，感謝瑞秋披露這麼嚴重的問題。

　　到了 7 月，《紐約時報》以頭條標題「寂靜的

春天帶來嘈雜的夏天」，描述新書所造成的轟動。8月的白宮記者招待會上，一位記者詢問甘迺迪總統是否會叫農業部

或公共衛生局密切注意 DDT 的使用，甘迺迪當場答應。眾議院開會討論病蟲害防治時，國會議員約翰·林立公開宣讀《寂靜的春天》在《紐約客》最後一期連載的部分內容。

9月新書正式出版，立刻登上《紐約時報》暢銷排行榜。10月被全國讀書會選為當月最佳好書。12月時，書已經賣出數十萬本，而且在平裝本出版前，精裝本便已有五十多萬本的銷售量。

《寂靜的春天》所造成的影響自然惹怒了利益嚴重受損的農藥製造公司，紛紛予以激烈反擊。農藥產業界龍頭蒙森妥公司模仿《寂靜的春天》的第一章，寫了一篇滑稽科幻文叫〈荒涼的

一年〉，描述沒有殺蟲劑後，害蟲占據整個世界的情景。全國化學製品協會花了超過二十五萬美元，在各處發動反卡森公共運動。

與產業密切合作的政府機構隨之附和。農業部長塔夫特公開攻擊瑞秋是「受了共產黨的誘惑，想破壞國家的農業和經濟」。身兼國會議員和眾議會農業撥款計畫主席的惠頓在他的著作《我們或可存活》中，批評瑞秋的書「文筆很好，可視為優美的散文，但不能當作科學資料閱讀。」一位聯邦病蟲害控制委員會的成員甚至譏諷：「一個老處女有什麼好擔心遺傳學的？」

一些在學術界享有盛名的刊物也質疑瑞秋的發言資格和內容的準確度。《經濟學人》期刊斥責她的書「只是翻滾著赤熱的憤怒而已」。《化學世界新聞》將她的書比擬為電視科幻影集《黎明地帶》，認為娛樂性比學術性高。《化學與工程匯報》說：「若就她的資歷和我們這裡的專家學者比，她的書根本不值一顧。」

　　令人意外的是一向支持瑞秋的文化界居然也加入聲討。《美國婦女雜誌》反駁農藥對健康的威脅性，認為瑞秋只是「想操作資料以謀私利」。農藥大公司威脅哪個報章雜誌支持瑞秋，他們就撤除廣告，《讀者文摘》因此取消了兩萬字的新書介紹，並和《科學月刊》、《時代周刊》刊登對瑞秋不利的文章，其中《時代周刊》毫不留情的指責「瑞秋小姐拿起憤怒之筆，嚇唬迷惑讀者，其實內容全是些不公平、武斷、歇斯底里的一面之詞，充滿徹頭徹尾的錯誤。科學家可以體念卡森小姐對野生動物的熱愛，以及她對自然平衡的著迷，但她在《寂靜的春天》裡所發出的情緒化怒吼，不但誤導沒有科學知識的讀者，還對她所熱愛的大自然無益」，甚至還公開支持「若用得恰當，DDT 是無害的。」

　　其他公眾人物在公開場合隨意發表的負面言論還有「卡森小姐和一般婦人沒兩樣，看到小蟲就嚇得半死」、「根本不具專業資格，她的書只是

騙騙市井小民的東西」等等。許多反對的人，連她的書都沒讀過，只是趕時髦的大放厥詞。作家保羅‧布魯克斯將當時瑞秋受攻擊的情形，比擬為19世紀達爾文出版《物種起源》時，所引起的強烈反彈程度。

當然，瑞秋也受到許多肯定。美國文藝學院推選瑞秋為院士，五十位院士中只有四位是女性。美國非營利民間環保組織奧杜邦學會頒發奧杜邦獎牌給瑞秋，她是第一位女性得主。動物福利機構頒發史懷哲獎章給她。瑞秋在頒獎典禮上說：「沒有什麼比這個獎對我更意義重大，尤其這個獎項是以史懷哲命名。」此外她還當選國家野生動物協會的年度保育專家，得到雅各‧華頓聯盟的保育獎，及美國地理學會的榮譽獎章等。

最後，一個電視節目將瑞秋和農業化工界的激烈對峙帶入高潮。1963年4月，美國哥倫比亞廣播公司在其知名的新聞專題節目「CBS報導」中，製作了為時一小時的《瑞秋卡森的寂靜春

天》。主持人艾瑞克分別訪問瑞秋和農業化工業者發言人史提文森。在節目中，瑞秋穿著端莊的灰綠色套裝，配一條金項鍊，不疾不徐的告訴觀眾殺蟲劑對人體和環境所造成的傷害和負面影響。她以平穩的口氣念了《寂靜的春天》的部分內容，客觀陳述當時殺蟲劑的使用和濫用情況。瑞秋從容而冷靜，完全以科學家就事論事的理性態度來探討。

相形之下，她的對手卻激動異常。史提文森博士身穿實驗室白袍，有如潑婦般歇斯底里的大吼大叫，怒罵瑞秋「扭曲事實，一點科學根據、實驗證明、實地經驗也沒有！如果大家都照卡森小姐所說的去做，我們都會回到充滿害蟲和疾病的黑暗時代！」

這個節目給了瑞秋一個機會解釋她的生態觀，告訴大家這世上每個生物都

息息相關，互相牽連。節目最後以瑞秋的呼籲作為結束：「我們人類還在以征服者的眼光看世界，沒有體認到自己只不過是浩瀚宇宙中的一小部分而已。我們要開始以成熟的態度看待自己。」

電視公司估計當晚有一千多萬個收看觀眾。這個節目為瑞秋贏得了大眾的心，很少人站在工業界那一方，而且只一個晚上，環境問題躍升為大眾最關心的課題。電視公司和瑞秋接到觀眾無數的支持讚美信件，美國農業部、公共衛生局、食品及藥物管理局則應接不暇的接收民眾氣憤的抗議信，指責他們罔視人民和動物的健康。

這條路上無論是褒是貶，瑞秋都不在意，她唯一關切的是大家到底能不能因此被喚醒。為了不讓世間的春天陷入死寂，瑞秋絕不容許自己沉默。只要能為地球做什麼，她馬上起身行動。

她的下一步就是往白宮和國會前進。

12
當仁不讓

瑞秋持續受到高度矚目，除了被來自四面八方的文字、言論攻擊外，她還成為歌曲內容的主人翁。國家害蟲防治協會以老歌〈魯賓，魯賓〉的曲調，為瑞秋做了一首〈瑞秋，瑞秋〉的嘲諷歌：

瑞秋，瑞秋，我們都耳聞，
妳的一切嚇人言論，
如果真的春天會寂靜，
我們也都很快會死去。
從呱呱墜地到埋入墓中，
一路被荒涼和飢餓跟蹤。
感謝業者製造糧食，

平息喧嚷，勇者如是！

飢餓，飢餓，可曾聽到，

瑞秋筆下的胡說八道？

即使暫時贏得一點風評，

終如空中飛鳥一去無影。

　　瑞秋其實是一個最不適合成為公眾人物的人。她行蹤隱祕、對社交活動不感興趣、高度注重隱私、享受與世隔絕的獨居生活。但是為了守護地球，瑞秋放棄自己喜歡的生活形態，奔波演說、疾呼作證，為的是促成環保法案的成立。

　　她的努力沒有白費，政府聽到了她的呼聲。約翰・甘迺迪總統吩咐總統科學諮詢委員會的生命科學小組，調查她書中所言是否真實。1963 年 1 月，她到白宮去發言作證。

　　在座全是國家頂尖的科學家和德高望重的權威人士，大家等著看嬌小的瑞秋如何辯護她的論點。瑞秋聲音溫和但語氣堅定的提醒委員會的成

員們：「當你們聽著外面巨大的反對聲浪時，請試著想想，誰在反對？為什麼他們反對？難道不是因為他們是利益的獲取者嗎？當他們賣著有害農藥時，考慮的到底是他們自己能賺多少錢？還是大家的健康和地球的未來？這些毒性劇烈的農藥，殺了害蟲也殺了你我，各位覺得誰是真正的贏家？誰是徹底的輸家？如果大家不做任何改變，沒有一個人會得勝，大家都是失敗者，而且會敗得很慘，敗在自己所造的孽。我們到底要給我們的孩子什麼樣的世界？沒有健康的環境，就沒有健康的生命。我堅信，保護自然，是我們這一代的責任。」

這個聽證會使委員會重新評估農藥使用的利弊，5月時發表了一篇農藥使用報告，指出DDT和其他一些農藥，的確會滲透人類和動物的身體，造成生命損害，應該淘汰禁用。甘迺迪總統表示將成立新法，支持此報告的建議。這樣的言論是以往從未在政府文件中見過的，被新聞媒體

描寫為「瑞秋拯救了春天，甘迺迪拯救了瑞秋」。瑞秋所受到的控訴得到平反，殺蟲劑、農藥業者以及所有批評瑞秋的人，只好乖乖閉嘴。

內政部長猶達爾馬上見風轉舵，邀請瑞秋出席檢察長，同時也是總統弟弟羅勃特‧甘迺迪在維吉尼亞州住處所舉行的「甘迺迪座談會」，參加的人都是頗具影響力的人物。在這場座談會中，瑞秋暢談她的論點，帶給在場人士的衝擊，促成日後環保立法持續進行。

6月時，瑞秋前往國會，參加康乃迪克州參議員瑞比克夫召開的汙染聽證會，討論殺蟲劑的聯邦管理法規。瑞比克夫介紹瑞秋時，引用了林肯總統對斯托夫人的著名介紹詞：「這些全是妳開始的！」斯托夫人因寫了反黑奴小說《湯姆叔叔

的小屋》，成為美國南北戰爭導火線之一。

瑞秋在聽證會上，呼籲噴灑式農藥應儘量減少使用、殺傷力最強的農藥該全面禁止，並要求確保公民有保護自身免受毒害的權利、限制農藥的使用方法和銷售、支援對化學農藥的研究調查。兩天之後，她又到參議院的商業委員會作證。

這些努力，使總統科學諮詢委員會通過〈化學農藥協調法令〉，也使國會修正化學用品法案。以前對化學成分在食品、藥物、化妝品上的使用，沒有多大限制，法案修正後，開始重視成分內容和安全使用劑量。

民眾對環境的意識被喚起，在大家密切的關注下，一波又一波的環保運動和改革興起。聯邦政府成立病蟲害防治委員會，對環保政策建立起監察和制衡系統。國會通過一條聯邦法，規定殺蟲劑製造商在產品上市前，必須先出示具安全檢驗的證據。國家立法機關對農藥使用提出了四十多條法案。

　　1964 年，四位科學家成立環境保衛基金會。此機構後來成為美國最有影響力的環保組織，擁有三十多萬會員。五年後，美國通過〈國家環境政策法〉，設定了國家環保標準。

　　1970 年 4 月 22 日，美國宣布每年該日為地球日，以示支持環境保護。現在全球有一百九十二個國家一同慶祝地球日。幾個月後，美國成立了國家級最重要的環保機構——環境保護署，旨在發展國家環保政策，管理農藥和其他有害物質。這個機構是瑞秋 1963 年，在參議院發表證言時所提出的建議，在這之前，都由農業部管理農藥，食品及藥物管理局決定食物中的農藥安全程度。

　　1972 年，環境保護署取消 DDT 的商業註冊，禁止其繼續上市。環保署作追蹤調查，發現自從 DDT 被禁用後，美國人民體內的 DDT 攝入量三年內從每天 13.8 毫克降到 1.88 毫克；十年後，禿鷹、褐鵜鶘、魚鷹、游隼的數量增加。這些鳥類

曾因 DDT 的使用而瀕臨絕種。

　　1976 年所頒發的〈毒品管制法案〉，可算是對《寂靜的春天》最大的平反。這個法案指定環境保護署要「保護大眾免於對健康或環境的不合理傷害」。因這個法案，環境保護署禁用或嚴格管制《寂靜的春天》中所提六個危害環境的化學農藥——DDT、氯丹、七氯、狄氏劑、艾氏劑、異狄氏劑，也對未來新開發的化學製品負起安全檢驗的責任。

　　瑞秋的環保論調也許今日聽來並不稀奇，但在汙染、生態、環境問題不被重視的年代，化工業者持續製造有用但也有害的新產品，很少人會去考慮副作用，也沒有人提出反對或限制的作

法。因為瑞秋的極力呼籲，人們開始思考人和大自然的關係。

不只是對農藥的限制，瑞秋的努力喚起大家對環境保護的意識，使人們開始注意起其他環境議題，如水質汙染、空氣汙染、公害、噪音、廢棄物處理、商品有毒材質等。

這些改變，有的在瑞秋生前實現，有的在她去世後成就。當她還處在風起雲湧的攻擊和褒獎中，置身在政府、社會、民眾的注視下時，除了親近好友和她的醫生，沒有人知道她的生命其實已經快走到盡頭了。

13
真正的強者

　　瑞秋在 1962 年的 11 月底，發現前胸有一個腫起的硬塊。起先不以為意，但過了十天，腫得更明顯，她只好去見希利醫生。經檢查和照 X 光後，診斷出乳腺癌，而且癌細胞已經轉移，導致淋巴結腫大，醫生馬上安排進行放射治療。

　　放射療程完成後，發現癌細胞又移轉到腋窩，長出更大的腫瘤。放射治療引起發燒、疼痛、反胃、全身無力等副作用，使瑞秋的身體非常虛弱。

　　有感於自己可能沒剩多少時間，瑞秋更迫切要去完成她所該做的事，原本安排的聽證行程照常如火如荼的進行。

　　越是活在大眾注視中，瑞秋越要隱瞞患癌的

事實，尤其在一次參加國家公園協會會議時，看到大家談論紐伯格參議員患癌，那種大驚小怪的樣子，更加要求經紀人保證絕不洩露她的病情。瑞秋一點也不能忍受自己的身體狀況成為別人茶餘飯後嚼舌頭的話題。

在癌細胞毫不留情的侵襲下，瑞秋最大的安慰是看到政府接納她的諫言和建議，開始進行環保方案。她在寫給陶樂思的信中說：「如果生命必須現在結束，我心足矣，因為我已經做了大部分我想做的事了。」

1964 年 4 月 14 日，瑞秋去世，享年五十六歲。除了少數幾位好友外，大家都不知道她生病，所以去世的消息一傳出，外界和一般朋友都非常震驚意外。

離世前，她整理了個人的手稿，捐給耶魯大學珍本手稿圖書館。外甥孫羅傑託付給作家朋友保羅·布魯克

斯，因為他不但是知己，也有和羅傑年齡相仿的孩子。

　　極度低調、注重隱私的瑞秋希望身後有個簡單安靜的火化儀式，將骨灰撒在緬因州的南港島海上。但她去世後，哥哥羅伯特違背她的心意，執意要辦一個風光的葬禮，在華盛頓國家大教堂舉行盛大的告別式，抬柩者都是名人政客，典禮上冠蓋雲集，連英國飛利浦王子都從倫敦送來大花圈。經瑞秋的好友們再三勸說後，羅伯特唯一勉強妥協的是同意火化，但不肯將骨灰灑在海上，而是葬在母親的墓旁。

　　雖然連葬禮都不能如自己想要的方式進行，所幸瑞秋在世時為地球所付出的努力，在她身後繼續造成影響，使世界往她的理想方向前進。

　　　　　　● ☆ ● ☆ ● ☆ ●

　　讀到這裡，大家面面相覷，孟如先開口說：「沒想到竟然有這樣堅毅的女子，為了保護環境而發聲，還好她發現了氯化碳氫會破壞環境，否

則我們現在不就慘了。」

「不只如此，受到瑞秋・卡森的影響，現在全球都在討論汙染、公害、輻射線、能源短缺、溫室效應、核能發展、生態破壞等環境問題。其實，這些課題並不只是政府或研究機構的工作，也是每個人的責任。如果大家都能將保護環境落實在日常生活中，從身邊的小事做起，大家都能為地球盡一份心力！」凱心頗有心得的說。

「用說得是很容易，可是要怎麼做呢？」孟如問。

「這時候就要來訂個生活公約，我早就想要改造環境一番了。」凱心說著，拿出隱藏許久的

一張紙。

　　子君把紙搶過來，皺著眉頭說：「這是什麼東西啊？」

《有愛公寓的生活公約》

在空氣汙染方面：

1. 不要在公共場所吸菸。
2. 清除室內灰塵、黴菌、二手菸、寵物毛髮等過敏源。
3. 多走路、多騎自行車、合夥共乘、多利用公共交通工具，減少車輛原地空轉。
4. 避免公開燃燒雜物。
5. 拜拜時，以奉茶代替點香。

在水源保護方面：

1. 修理會漏的水龍頭。
2. 回收電池。
3. 收集雨水來澆花。

4.集中洗衣物，減少洗衣頻率。

5.使用小蘇打粉、醋及肥皂等傳統天然洗滌用品，代替含界面活性劑等化學物質的清潔劑。

6.洗澡時用淋浴，不要用浴缸。

在節省能源方面：

1.開窗通風，少開冷氣。

2.隨手關閉電源。

3.使用省電燈泡。

4.以陽光晒衣，取代烘乾機。

5.購買當地蔬果，因為製作加工食品必須用上許多電力，運送也須消耗汽油。

6.集中用電空間，不要每個房間都開燈。

7.多走樓梯，少搭電梯。

在拯救森林方面：

1.以電子帳單取代紙本帳單。

2.用廣告紙的背面當計算紙。

3.紙張雙面列印。

4. 洗完手後，以手帕代替擦手巾。

5. 選擇再生紙產品。

在減少垃圾方面：

1. 自備水杯、水壺，少喝瓶裝水和罐裝飲料。

2. 重複使用購物袋。

3. 減少使用塑膠或保麗龍免洗餐具。

4. 物品再生，或廢物利用。

5. 舊衣新穿。

6. 資源回收分類。

7. 選用二手貨。就是到二手店或二手市集去買別人用過的車子、家具、用品、衣服、袋子、裝飾品等等。

8. 將果皮、樹葉、廚餘回收，做成有機肥或養豬。

● ○ ● ☆ ● ☆ ●

　　凱心說：「其實，這是我從書裡擷取下來的重點，我覺得對我們會很有幫助，很值得實踐。」

看見一長串的規定，子君有點不情願的說：「好吧。從今天起我會開始注意，愛護我們珍貴的環境。」

　　孟如把書翻到下一頁：「下面說這些事情是瑞秋‧卡森那時代從沒想過的呢，可見當時大家對環保的概念有多不足。」於是三人繼續讀了下去。

● ● ● ● ● ● ● ●

　　在瑞秋生前，這些作法是不可思議的。是她以《寂靜的春天》和自己的生命推動人們對環保的認識和努力。為了紀念瑞秋，今天許多機構都

以瑞秋的名字命名，如瑞秋的家鄉賓州春谷鎮，將郵局改名為瑞秋・卡森郵政大樓；鎮旁河流上的橋從第九街橋改名為卡森橋；民間成立瑞秋・卡森事務會，專門回答民眾各式各樣有關環保的問題，並出版環保刊物；緬因國家野生動物保護區改名為瑞秋・卡森野生動物保護區；卡特總統追頒總統自由勳章；美國郵政總局發行瑞秋・卡森紀念郵票。

個性低調，生活極度簡樸的瑞秋其實對名氣

一點興趣也沒有。她不屈不撓、執著堅持、不畏強權的捍衛理想，只因她愛惜關懷地球的心從未改變。大家能活在一個鳥語花香、藍天碧地、溪水清澈、綠樹成蔭的環境，食物入口不擔心有毒素，商品買了不怕有致癌材質，世界回歸造物主創造地球時的純淨自然，是瑞秋最大的心願。

後 記

　　《寂靜的春天》所掀起的狂風巨浪，使這個世界不再寂靜。

　　在她之前，大家天天吃喝拉睡，沒有人在意世界會不會變得死寂。

　　是她提出氯化碳氫所造成的連環效應，使大家驚覺農藥的毒害問題。

　　農藥一撒下去，變成毒性進入土地。蟲吃了從這土地長出的植物，體內殘留毒素。鳥吃了這蟲，毒素進入鳥的肝和脂肪，生出身體不健全的小鳥。

　　如果是雞吃了這蟲呢？那麼吃了這雞的人類就是食物鏈的下一個受害者。

　　人們開始警覺環境保護的重要性，檢視其他的汙染問題。

　　汽車排出的一氧化碳廢氣導致酸雨。

　　屠宰場的血水造成河流汙染。

　　垃圾堆積，地球無法消化。

　　工廠廢料廢水破壞土壤和水源，人們罹患各式癌症和腫瘤。

　　油輪漏油，海洋受到汙染，海底的珊瑚、魚群消失，生態改變。

　　森林濫伐，林地濫墾，涵養水源，防止沖蝕、保護土石的功用瓦解。

　　是她開了大家的眼，建立對全球性生態系統的關懷。

　　今日大家關心地球暖化、海平面升高、棲地破壞、生態改變、天然資源濫用、生物絕種、能源不足、空氣品質、鉛中毒、輻射線、基因改造、土石流、洪水、山崩、工業汙染、土壤腐蝕、核能發展、石油短缺、噪音、霧霾等等環境問題，

雖然並不是由瑞秋‧卡森提出，但幾乎可說都是被瑞秋一棒敲醒後，開始重視研究。

　　瑞秋‧卡森是環保意識的先鋒，全球環保運動的啟蒙者。在世時低調孤獨，但她的先知和遠見對後代造成巨大的影響，使她永遠被人懷想紀念。

瑞秋・卡森　小檔案

1907 年	出生。
1913 年	上小學。
1918 年	故事〈雲中之役〉於兒童雜誌《聖尼可拉斯》刊登。
1925 年	進入賓州女子學院，主修英文。
1928 年	轉至生物系。
1929 年	以榮譽生身分大學畢業，暑假在麻州海洋生物實驗室實習。
	開學後，進入約翰霍普金斯大學研究所。
1932 年	自約翰霍普金斯大學獲得動物學碩士學位。
1935 年	父親羅伯特・卡森去世。開始為漁業部撰寫「海底羅曼史」廣播稿。
1936 年	第一篇學術文章在《巴爾的摩太陽報》刊登。
1937 年	姐姐瑪麗安去世，留下兩個女兒，由瑞秋照顧。
1941 年	出版《海風下》。
1942 年	為漁業部編寫《從海洋來的食物》系列手冊。

1951 年　出版《大藍海洋》。

1955 年　出版《海之濱》。

1957 年　外甥女瑪裘莉去世，瑞秋認養其子羅傑。

1958 年　母親瑪麗亞‧卡森去世。

1962 年　出版《寂靜的春天》。

1963 年　總統科學諮詢委員會發表農藥使用報告。到國會作證。

1964 年　去世。

參 考 資 料

 書 籍

- *Rachel Carson*／Arlene R. Quaratiello 著
- *Rachel Carson: The Life of the Author of Silent Spring*／Linda Lear 著
- *Up Close: Rachel Carson*／Ellen S. Levine 著
- *Silent Spring*／Rachel Carson 著
- *The Sense of Wonder*／Rachel Carson 著

近代領航人物

生命教育首選讀物

養成良好品格，激發無限潛力，打造下一個領航人物！

你可以像自由鬥士曼德拉一樣找到自己的理想嗎？

你能像世界知名設計師可可・香奈兒一樣隨時發揮創意嗎？

你想成為像搖滾巨星約翰・藍儂一樣的萬人迷嗎？

讀完他們的故事，你也做得到！

◆ 近代人物，引領未來航線

◆ 橫跨領域，視野真正全面

◆ 精采後記，聚焦全書要點

◆ 彩色印刷，吸睛兼顧護眼

全系列共二十冊
陸續出版

國家圖書館出版品預行編目資料

瑞秋‧卡森 / 王明心著;夢想國工作室繪.－－初版二
刷.－－臺北市: 三民, 2018
　　面; 公分.－－(兒童文學叢書/近代領航人物)

ISBN 978-957-14-5931-8 (平裝)

1.卡森(Carson, Rachel, 1907-1964) 2.傳記
3.通俗作品

781.08　　　　　　　　　　　　103011643

© 　瑞秋‧卡森

著 作 人	王明心
繪　　者	夢想國工作室
主　　編	張燕風
責任編輯	楊雲琦
發 行 人	劉振強
著作財產權人	三民書局股份有限公司
發 行 所	三民書局股份有限公司
	地址　臺北市復興北路386號
	電話　(02)25006600
	郵撥帳號　0009998-5
門 市 部	(復北店)臺北市復興北路386號
	(重南店)臺北市重慶南路一段61號
出版日期	初版二刷　2018年6月
編　　號	S 782490

行政院新聞局登記證局版臺業字第○二○○號

有著作權‧不准侵害

ISBN　978-957-14-5931-8　(平裝)

http://www.sanmin.com.tw　三民網路書店